Richard I
Jacob Abbott

理查一世

中世纪雄主与十字军远征

全景插图版

[美]雅各布·阿伯特 著

张燕 译

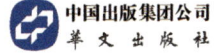

图书在版编目（CIP）数据

理查一世/(美)雅各布·阿伯特著；张燕译. -- 北京：华文出版社, 2020.9

ISBN 978-7-5075-5127-3

Ⅰ.①理… Ⅱ.①雅… ②张… Ⅲ.①理查一世(Richard Ⅰ 1157-1199)—生平事迹 Ⅳ.①K835.617=321

中国版本图书馆CIP数据核字(2020)第095276号

理查一世
LICHAYISHI

作　　者：	[美] 雅各布·阿伯特
译　　者：	张燕
选题策划：	盛世章
插图供应：	18629596618
责任编辑：	胡慧华
出版发行：	华文出版社
社　　址：	北京市西城区广外大街305号8区2号楼
邮政编码：	100055
网　　址：	http://www.hwcbs.com.cn
电　　话：	总编室010—58336239 发行部010—58336267
	责任编辑010—58336197
经　　销：	新华书店
印　　刷：	北京画中画印刷有限公司
开　　本：	880×1230 1/32
印　　张：	6.25
字　　数：	150千字
版　　次：	2020年9月第1版
印　　次：	2020年9月第1次印刷
标准书号：	ISBN 978-7-5075-5127-3
定　　价：	42.00元

版权所有 侵权必究

出版说明

《美国国家图书馆珍藏名传》共22册,作者是美国著名历史学家、教育家雅各布·阿伯特。他以独特的视角研究公元前7世纪到公元18世纪2500年的世界史,最后写出了这套影响深远的人物传记。读者能通过阅读这些风云人物,更好地理解那段历史、那段时光,这是我们出版这套书的最大良善。为更好地使读者全面了解该丛书,现作如下说明:

一、关于版本。据不完全统计,这套丛书的英文版多达上百个。其中,以哈珀兄弟出版公司于1904年出版的版本最具代表性和权威性。本丛书正是根据该版翻译而成,以保证版本的质量。

二、关于插图。这些人物距现代已经很久远了。读者可能会问:他们长什么样子?穿什么衣服?仗是如何打的?外交是如何谈的……为了让读者更形象地了解当时的历史，我们精心为各书选配了约百幅插图。这些插图包括但不限于油画和版画。我们希望，通过品味插图的艺术之美，读者获得一种不是穿越胜似穿越的强烈体验，从而更好地对当时的风土人情有更直观的体察。

三、关于注释。为了确保内容的正确性、权威性，版权方进行了大量的考证工作。考证的结果以注释的形式体现。另外，内文中很多涉及地图的地方，我们尽量尊重作者，尊重历史，保存原貌，如有出入，请读者认真分辨。

四、关于译者。本丛书由多所大学的一线英语老师及教授翻译而成。各位老师治学严谨，文笔优美，为确保丛书的质量奉献良多。在此，深表敬意。其中，《理查一世》一书由天水师范学院张燕老师翻译完成。

尽管出版前我们做了许多工作，但不足之处实难避免，欢迎读者朋友多提宝贵意见。

原 序

丛书作者坚持客观的原则,严格遵循历史事实,即使是所叙述的最微不足道的细节也是如此。书中的故事并非根据历史杜撰,而就是历史本身;既没有任何修饰的成分,也没有任何有违历史的情况。写作过程中,虽然作者穷尽全国资源,但丛书和其他历史书籍一样不尽完美,甚至难免存在错误,但绝没有刻意的修饰。各书堪称权威,没有一点儿虚构。因此,在求证其真实性时,只要目的真诚、审视细心,读者就大可当作史实来读,因为它记述的就是真实的历史。

目 录

第一章　阿基坦的埃莉诺：从法兰西王后到英格兰王后 …… 001

十字军勇士理查一世——好争吵的国王——理查一世的王国——英格兰与诺曼底的统一——阿基坦的埃莉诺公主——埃莉诺同时代的人——王室联姻——联姻的条件——埃莉诺继承阿基坦公国——埃莉诺的修养与造诣——十字军东征——修士鼓吹十字军东征——埃莉诺与路易七世发起十字军东征的原因——亚马逊式的装扮——嘲笑的作用——女性十字军的计划与目的——安条克公国——遇到萨拉森人——选择营地——王后显将才——争吵——王后在耶路撒冷——婚变出现——十字军东征失败——回到法国——埃莉诺王后的新情人——婚变再次出现——亨利王子的动机——史学家们的争议——离婚的真正原因——偏执的求婚——化险为夷——杰弗里对埃莉诺的图谋不轨——当时司空见惯的事——埃莉诺避开杰弗里——与亨利王子成婚——亨利王子远征英格兰——亨利王子最终加冕——埃莉诺成为王后

第二章　亨利二世家族：内讧与战争 ……………………… 025

亨利二世的儿子和女儿——叛乱和家庭争吵——埃莉诺王后在伦敦加冕——光彩照人的画像——王后的盛装——国王的盛装——伯蒙德西的宫殿——狂欢的场面——牛津的王宫——牛津王宫现在的面貌——很早订婚——让孩子四岁订婚的原因——代替治理——理查叛乱——埃莉诺王后开始受难——王后的斗争——被囚于温斯特彻——亨利王储的书信——亨利王储去世——懊悔——不孝子临死前的痛苦——悲恸让敌对的亲人和解——再次争

吵——理查童年的婚约——杰弗里的离世令人难过——划分继承权——亨利二世的肖像——理查反对父亲的计划——腓力二世的帮助——亨利二世责备约翰——美女罗莎蒙德

第三章 | 亨利二世与罗莎蒙德的爱情 ················ 045

罗莎蒙德的秘密——瓦伊河谷——秘密结婚——伍德斯托克宫——罗莎蒙德的秘密小屋——迷宫的建造——难以辨别的路——罗莎蒙德的藏身之所如何被王后找到——地下通道——故事不足为信——罗莎蒙德隐居戈德斯托修道院——世人同情罗莎蒙德,而不同情埃莉诺——婚姻是否得到承认——埋葬罗莎蒙德——主教命令将她的坟墓迁走——修女们再次把她的遗体迁回修道院——罗莎蒙德的卧室——修缮那间小屋

第四章 | 亨利二世驾崩、理查登基与埃莉诺王后的短暂摄政 ··· 061

亨利二世战败——议和谈判——雷雨——亨利二世的马上本领——理查和腓力二世提出苛刻的谈判条件——国王生病——对约翰的行为感到寒心——希农的宫殿——将死国王的诅咒——亨利二世的侍臣们薄情寡义——理查随送葬火车到风弗洛修道院——理查即刻继位——祸福相依——埃莉诺摄政——她的性格发生改变——理查回到英格兰——理查提议十字军东征——约翰装腔作势——欺骗——亨利二世的宝藏——事随境迁——同党遭到贬黜

第五章 | 理查的加冕大典与犹太人大屠杀 ················ 075

屠杀犹太人——犹太人的社会地位——犹太人经商的历史——犹太人在法国遭到迫害——安抚理查一世——加冕大典的盛况——圣油瓶——正式加冕——厚

礼——人民的愤怒——发生口角——赶走犹太人——恐怖的大屠杀——国王的冷漠——暴徒肆虐——暴徒未受惩罚——国王理查的诏书

第六章　十字军东征前的准备 ·················· 085

十字军东征中建功立业的狂热欲望——东征的动机——荒唐的欺骗——准备工作——海军——装备——旧风俗——理查一世不计后果——理查一世出卖土地、卖官鬻爵——假借公正之名进行勒索——指定摄政王——理查一世的摄政王——约翰的默认与服从——出海时间确定——理查一世穿越英吉利海峡——担心背叛——理查一世和腓力二世的盟约——准备工作完成

第七章　理查一世率军出发 ·················· 097

计划出发——英格兰舰队——法国军队——理查一世的规章——倒沥青和抖羽毛的由来——舰队的长官——舰队遭遇暴风雨走散——延期抵达里斯本——在维泽莱会和——军队的破坏——理查一世先于舰队继续向东行进——在墨西拿会合——乔安娜——理查一世的拜访——理查一世的旅行——奥斯提亚——争吵与反目——理查一世和主教发生口角的原因——那不勒斯和维苏威——地下室——萨勒诺——理查一世前去萨勒诺——舰队——理查一世沿地中海岸行进——理查一世性情粗暴——盗走猎鹰——理查一世逃避农民的追捕——理查一世到了一个小修道院

第八章　理查一世率军蹂躏墨西拿 ·················· 113

凯旋进入墨西拿——西西里人嫉妒——法国人羡慕——理查一世和腓力二世在西西里——冬天来了——坦克雷德——西西里的威廉二世——康斯坦茨公主——乔安娜——蒙特加罗海岬——庄园——坦克雷德掌权——为战争找的合

理借口——理查一世的要求——坦克雷德的回复——报复——修筑修道院的防御工事——士兵们惹麻烦——军队在墨西拿引起骚乱——和谈破裂——理查一世失控——进攻墨西拿——腓力二世和理查一世争辩——理查一世和坦克雷德妥协——理查一世要求坦克雷德捐赠——最后的和解条件——理查一世和坦克雷德结盟——理查一世奢侈浪费——春天将至——修缮舰队——攻城锤——现代军械——古代的战争手段——弩炮——弩车

第九章 | 纳瓦拉公主贝莲加 ················· 137

理查与爱丽丝的婚姻障碍重重——理查与贝莲加公主初次见面——贝莲加的才艺双绝——埃莉诺王后亲自前去向智者桑丘提亲——贝莲加接受提亲——贝莲加与乔安娜在布林迪西——贝莲加与乔安娜的友谊——坦克雷德收到腓力二世的一封信——理查一世对信的看法——决斗的风俗——理查一世因信指责腓力二世——腓力二世的反应——理查一世和腓力二世达成和解——再次登船出征——筹备婚礼——婚礼推迟的原因——骑士们发誓攻打阿克城——理查一世送给坦克雷德的礼物

第十章 | 攻占塞浦路斯 ················· 153

理查一世离开墨西拿——乔安娜与贝莲加成为塞浦路斯统治者艾萨克·科穆宁的俘虏——理查一世对艾萨克·科穆宁的要求——艾萨克·科穆宁拒绝——理查一世率军占领利马索尔港——来自巴基斯坦的诸侯们——鲁西格南的盖伊——战火再次燃起——艾萨克·科穆宁战败投降——理查一世如何处置塞浦路斯岛——理查一世大婚——婚姻的结局

第十一章 ｜ 理查一世率领十字军转战圣地 ············ 159

　　理查一世率大军在阿克登陆——鲁西格南的盖伊与蒙特弗尔拉的康拉德之间的仇恨——伊莎贝拉的第一任丈夫托龙的汉弗莱四世——理查一世指挥大军围攻阿克——奥地利大公利奥波德五世——理查一世处决战俘——阿尔苏夫战役——进攻耶路撒冷失败——蒙特弗尔拉的康拉德之死——再攻耶路撒冷失败——约翰与法王腓力二世的阴谋——理查一世与阿拉伯人议和——理查一世率军归国

第十二章 ｜ 理查一世的最后岁月 ············ 171

　　科孚岛——艾萨克二世安耶洛斯——梅纳德——充满危险的旅途——理查一世被俘——奥地利大公利奥波德五世将理查一世"卖给"神圣罗马帝国皇帝亨利六世——理查一世音讯全无——布隆德尔·德·内勒——亨利六世写给腓力二世的信——营救理查一世——赎金与理查一世获释——宽恕约翰——与腓力二世的战争——理查一世之死

附　录 ｜ 专有名词汉英对照 ············ 185

第一章

阿基坦的埃莉诺：从法兰西王后到英格兰王后

精彩看点

十字军勇士理查一世——好争吵的国王——理查一世的王国——英格兰与诺曼底的统一——阿基坦的埃莉诺公主——埃莉诺同时代的人——王室联姻——联姻的条件——埃莉诺继承阿基坦公国——埃莉诺的修养与造诣——十字军东征——修士鼓吹十字军东征——埃莉诺与路易七世发起十字军东征的原因——亚马逊式的装扮——嘲笑的作用——女性十字军的计划与目的——安条克公国——遇到萨拉森人——选择营地——王后显将才——争吵——王后在耶路撒冷——婚变出现——十字军东征失败——回到法国——埃莉诺王后的新情人——婚变再次出现——亨利王子的动机——史学家们的争议——离婚的真正原因——偏执的求婚——化险为夷——杰弗里对埃莉诺的图谋不轨——当时司空见惯的事——埃莉诺避开杰弗里——与亨利王子成婚——亨利王子远征英格兰——亨利王子最终加冕——埃莉诺成为王后

理查一世是一位十字军勇士，他的性格粗暴、鲁莽而极端，对当时的世界影响很大。年轻时，他与父亲不和，而他的事业也从此开始了。事实上，他的父辈们还健在的时候，他的父母、兄弟、姐妹就纷纷陷入了家族内讧，各方彼此猛烈攻讦。内讧源自不同的家族支脉在法国、英格兰的财产与属地的纠纷。大家为了打击对方，无所不用其极。为了了解这些内讧的真相，并充分了解理查母亲的为人，我们首先需要看一下这些王室里的家族支脉的统治区域。

在《征服者威廉》一书中，我们已经了解到，欧洲大陆上的诺曼底公国是如何与英格兰统一在一起，从而形成一个国家的，只不过不是英格兰征服并统治了诺曼底，而是诺曼底征服并统治了英格兰。这两个国家的地理位置在地图上一览无余。诺曼底公国位于法国北部，隔英吉利海峡与英格兰相望。除了诺曼底公国，诺曼底公爵还统治着法国其他许多地方。对于他们而言，他们统治下的法国部分和英格兰，法国部分更为重要，而英格兰则更像属地。

地图上有一条卢瓦尔河，发源于法国中部，向西流经一个富饶美丽的国家。这个国家就是阿基坦公国，位于卢瓦尔河的南部，由一位年轻漂亮的公主埃莉诺统治，后来她成了理查一世的母亲。在她的那个时代，她已经举世闻名，就是死后，也名垂青史了，她被誉为"阿基坦王国的埃莉诺"。

埃莉诺从祖父那里继承了领地。她的父亲和她的叔叔雷蒙德参加了十字军东征，期间父亲战死了。雷蒙德通过联姻成为安条克公国的统治者，下文我们还会提到他。埃莉诺14岁的时候，她的祖父退位，对此她表示理解。当时法国还有另外两个势力强大的君主，分别是统治巴黎的法王路易六世和受封诺曼底公爵的英格兰王子亨利。路易六世有个儿子——路易王子，是法国王位继承人。埃莉诺的祖父希望她和路易王子结婚，这样就可以加强这两个国家的关系。埃莉诺的祖父厌倦了权力，希望退位，在忏悔和祈祷中度过余生。他在位期间，统治残暴，现在年事已高，他开始追悔自己曾经犯下的罪

路易六世

过，所以他希望如有可能，能在有生之年忏悔，谢罪。

于是，他将所有的贵族召集在一起，当众宣布了他的想法——希望埃莉诺嫁给路易王子。接着，经过讨论，他们一致同意了两个条件，一个是埃莉诺要与路易王子先见面，然后由她决定要不要嫁给他。要是埃莉诺不愿意，其余人不得强迫她成婚。另一个是，要是埃莉诺和路易王子成婚，他们的阿基坦公国不能与法国合并，而是继续以独立的王国存在，由路易王子和埃莉诺以阿基坦公爵和公爵夫人的名义共同治理，而不是以法国国王和王后的名义治理。接着，埃莉诺和路易王子就被安排见了面。埃莉诺当然愿意嫁给一个国王，最后她表了态，于是婚事就定了下来。

对于埃莉诺而言，这门婚事确实是再门当户对不过了。她的丈夫是法国王储，而法国的首都巴黎繁华无比，无论在当时还是现在，都堪称欧洲的中心。法王已经年迈，在世的日子不会太长了。实际上，在路易王子成婚后不久他就驾崩了。于是，埃莉诺在她刚满15岁的时候，就成了法国王后、阿基坦公国的公爵夫人。毋庸置疑，她的地位如日中天了。

她年轻漂亮，性格活泼，很快就过上了快乐的生活。她受过良好的教育，能魅力十足地演唱游吟诗人创作的

第一章 阿基坦的埃莉诺：从法兰西王后到英格兰王后

歌曲，在那个时代，这些是最流行的音乐了。她还能作曲，甚至还能依曲填词。因此，埃莉诺由于才学出众而闻名遐迩。实际上，在当时能够识文断字的女士是很罕见的。

她在巴黎的王宫生活了很长一段时间，期间她也常回阿基坦公国。波尔多是该国的首都，那里有埃莉诺自己的王宫。这样的日子过了一段时间后，最终她计划随十字军东征。十字军东征是从西欧出发，借道现在的土耳其，攻打巴勒斯坦，收复耶路撒冷和葬有耶稣遗体的圣墓。

迄今为止，法国和英格兰的王子、骑士以及其他王室贵族为了赢得荣誉，已经进行了多次十字军东征。加之，修士们公开的大力的宣传和鼓吹，人们踊跃参加十字军东征。为了激发人们的热情，他们甚至在聚众布道的时候高举十字架，并承诺如果他们愿意去，就会在天堂得到优待，而且任何为这次东征做出贡献的人，不论他曾经犯了什么罪，都会得到宽恕。另外，修士们无论何时听说哪个贵族或国王犯了大罪，都会趁机鼓动他们参加十字军东征，去拯救巴勒斯坦地区的基督同胞们，以便洗脱自己的罪孽。

其中有个修士控告埃莉诺的丈夫路易七世，说他在和邻居的一次争吵中，派出一支军队猛攻邻居的镇子，

波尔多是一座位于法国西南部的港口城市。这幅图描绘了波尔多港繁忙的景象。

路易七世

并且一把火烧毁了镇上的大教堂,在教堂里避难的150个人也被烧死。不管是在那个时代,还是现在,侵犯教堂都是重罪,于是修士们敦促他参加十字军东征,为他所犯的罪去忏悔、赎罪,因为他不光亵渎了教堂,还因一时冲动导致许多无辜的妇女、儿童活活被烧死。于是,路易七世决定参加十字军东征,埃莉诺决定随他而去。埃莉诺参加这次东征,一方面是由于热衷冒险,另一方面是想扬名立万。在她看来,一位年轻漂亮的公主,率领一支十字军东征,一定会让她成为世人眼中威名赫赫的女英雄。所以她立即着手准备,并且在她的影响和激励下,宫廷里侍女们的热情也被调动了起来。

  侍女们很快收起了她们优雅的裙子,扮成亚马逊人的样子,这样她们就可以像男人们一样骑马了。她们谈论着军队、武器、战马和军营,以便吸引周围所有的男人们——王子、男爵和骑士,鼓励他们参加十字军东征。结果很多男人参加了,但还有些不以为然,更想待在家里的,他们觉得这种狂热而鲁莽的计划,除了带来灾难就别无所获了。侍女们嘲笑这些男人的怯懦和缺乏勇气,并把女红递给他们说:"我们已经不做女红了,但是如果你们要待在家里,就去做女人做的事吧。这些女红归你们了,这样我们不在的时候,你们就有事可做了。"

第一章 阿基坦的埃莉诺:从法兰西王后到英格兰王后

在侍女们的奚落和嘲笑下,很多男人感到惭愧,就纷纷参加了十字军,因为说到底他们是有血性的,面对参军的女人,他们很难无动于衷。

最后十字军队终于被组建起来,并整装待发。然而,由于王后埃莉诺和她的侍女们坚持要求携带大量行李,所以严重影响了大军开拔。虽然她们已经扮成了亚马逊人的样子,但这仅限于在军营或战场上,出了军营或战

十字军战士的装备

场她们还是希望能纵情享受,尤其是到了东方的大城市,要过豪奢的生活,所以她们执意要带不计其数的行李,包括各式各样的裙子和女士用品。法王路易七世尽管反对这些荒唐的行为,但埃莉诺和侍女们觉得,在十字军东征期间,如果不携带女士用品,那日子就太难熬了,所以只能由着她们了。

这些女人们任性的想法和荒唐的举动,在整个东进期间不断干扰着十字军。最后,十字军到达了地处小亚细亚的安条克公国。在这里,十字军遇到了萨拉森人。当时,安条克公国的人们都是基督教徒,由雷蒙德王子统治,他就是前文已经提到的埃莉诺的叔叔。雷蒙德王子年轻英俊,埃莉诺想去安条克公国的首都,但十字军为了防御,并且反击沿途袭扰他们的萨拉森骑兵,选择从安条克乡下经过,所以就没有去那里。

碰到萨拉森骑兵袭扰时,将军们对于如何安排这些女人、怎样处理她们的行李,显得不知所措。最终国王决定提前送她们回去,并派遣精锐军队一路护送。他命令他们在白天持续前进,不要停歇,晚上到他指定的高地安营扎寨,因为那里比较安全,不会受到萨拉森人的袭击。当他们到达指定的高地时,埃莉诺在附近发现一个山谷,那里绿意盎然,土壤肥沃,既浪漫又美丽。埃

萨拉森人指从今天的叙利亚到沙特阿拉伯之间的沙漠牧民,图为一名萨拉森人

莉诺当机立断，决定在这里安营扎寨，她的侍女们也一致认为这里比光秃秃的山上更适合安营扎寨。结果，萨拉森人来了，切断了埃莉诺的护送军队与国王率领的十字大军的联系。一场激战过后，法军大败，数以万计的将士被俘，大军的粮草以及侍女们所有的行李被抢走了。最后，埃莉诺逃回法王那里，而法王只得带领残军逃往安条克公国首都。雷蒙德打开城门，放他们进去了。

埃莉诺和她的侍女们稍作休息，从惊恐和疲累中缓过来后，就变得活跃起来。可是不久，法王和埃莉诺因为雷蒙德发生了激烈的争吵。雷蒙德年轻帅气，很快就对埃莉诺表露出好感，这让法王醋意大发，最终他发觉埃莉诺跟雷蒙德之间的关系暧昧，就大发雷霆。他决定带着埃莉诺立即离开安条克公国。埃莉诺十分不情愿，可是法王非常生气，命令她必须跟他一起离开。法王离开安条克是很突然的，甚至都没有跟雷蒙德辞行，就带着埃莉诺和他的所有随从一同去了耶路撒冷。埃莉诺尽管闷闷不乐，但还是屈从了。

法王和埃莉诺一样，也闷闷不乐。他决定不再让埃莉诺随他出征，把她留在耶路撒冷，简直形同软禁，而他则继续率军出征。不久，法王回到耶路撒冷，询问他出征期间埃莉诺的表现，得知埃莉诺在他出征期间与耶

雷蒙德打开城门迎接路易七世

路撒冷的一位王子的关系也很暧昧，他气愤至极，当众宣布要和埃莉诺离婚，还说她是个邪恶的女人。

法王的一位大臣设法宽慰他，说服他至少要放弃离婚的想法。大臣不是假惺惺地说埃莉诺是无辜的，不该被休掉，而是告诉法王，一旦与埃莉诺离婚，阿基坦公国以及埃莉诺婚前其他丰厚的财产就都和法国没关系了，仍归埃莉诺所有。另外，法王和埃莉诺有个女儿，叫爱丽丝，她现在还很小，等她长大了一定会继承国王和埃莉诺的财产。所以，如果法王和王后能把日子过下去，以后还是会和好的。这位大臣继续劝说国王，如果一旦离婚，这些就会荡然无存。

"如果你和她离婚了，"他说，"那么她很快就会再婚，她的所有财产就和你的家族一点儿关系没有了。"

所以，法王最终决定忍受不忠的妻子带给他的耻辱，没有离婚。但是他对建功立业失去了兴趣，不想再东征了。一方面因为东征没有战果，一方面因为家庭矛盾。于是，他带着王后和她的侍女以及残余部队离开了耶路撒冷，回到了巴黎。在巴黎，法王和王后在一起又生活了两年，过得一点儿都不开心。

这时，埃莉诺因为与人私通，又爆出了丑闻。时间飞逝，她结婚已有十三年，现在已经二十八岁了，按理

早期的耶路撒冷

说，该是成熟稳重、谨言慎行的时候了，但实际上，她不仅情人无数，还迷上了安茹王朝的亨利王子，他就是后来英格兰的亨利二世，本书主人公理查的父亲。当时亨利王子是诺曼底公爵，到巴黎来拜谒法王路易七世。他在巴黎待了一段时间后，埃莉诺竟然要和路易七世离婚，改嫁给他。他的年龄比埃莉诺小很多，当时只有十八岁，但他谦和有礼，举止稳重，从而令埃莉诺着迷。意料之外的是，亨利王子对埃莉诺也同样着迷。不过，尽管她依然很漂亮，但毕竟是明日黄花了。埃莉诺年近而立，结婚都十三年了，可她还是向亨利王子频频示爱，最后甚至告诉他，如果他愿意娶她，她就和路易七世离婚，并将她所有的领地作为嫁妆。

现在还有一个原因促使亨利王子接受埃莉诺的求婚。亨利王子自称是英格兰的王位继承人。当时，英格兰的国王是斯蒂芬，但他认为斯蒂芬是篡位者，所以一心想把他赶下台。埃莉诺向他保证，凭借她领地的力量，帮他夺回英格兰王位易如反掌。最终，夺回王位的考虑占了上风，亨利王子就不顾内心的意愿，答应了娶年龄近乎是他两倍的埃莉诺，而埃莉诺也很快离了婚。

关于这次离婚的原因，史学家们看法不一。一些史学家认为离婚是国王路易七世提出的，理由是埃莉诺和

英格兰国王斯蒂芬

别的男人有染，而埃莉诺在发现路易七世决心和她离婚后，就计划嫁给亨利王子，以保住她的权势和地位。另外一些史学家认为，离婚是埃莉诺单独向罗马天主教会申请的，理由是她和路易七世是近亲结婚，而天主教会是不允许近亲结婚的。还有人认为，离婚的真正原因是路易七世受不了埃莉诺散漫多变的性格，而埃莉诺也想再找一位更加中意的伴侣，但这种观点不足为信。其实，埃莉诺从没喜欢过路易七世。路易七世性格刻板忧郁，整天想的都是教堂、忏悔和祷告，埃莉诺觉得他不像个国王，反倒像个修士。为了恪守天主教教规，他穿着做工粗糙的衣服，而不是像个国王一样穿着华丽。他还剃掉卷发，刮掉胡子，这些都让埃莉诺厌恶至极。埃莉诺瞧不起自己的丈夫，还在别人那里嘲笑他，说他把自己打扮得像个老神父，总而言之，埃莉诺对路易七世是一点儿感情都没了。他们都愿意结束这段婚姻，也同意将离婚的事公之于众，免得引起非议。

无论如何，埃莉诺总算离婚了。她离开巴黎，前往阿基坦公国的首都波尔多。而亨利王子也赶着去见她。她沿着卢瓦尔河畔前行，在卢瓦尔省逗留了一两天。这个省的伯爵英俊潇洒，放荡不羁，竟然向埃莉诺求婚，其实他的真正目的是获得埃莉诺的领地。虽然埃莉诺断

第一章 阿基坦的埃莉诺：从法兰西王后到英格兰王后

然拒绝了他，但他非但不接受，反而找借口将她扣在了自己的城堡，除非埃莉诺答应他的求婚，否则就不释放她。埃莉诺绝不会就这样屈服，于是就假装愿意留在这里，并做出一副心满意足的样子。这样做只是为了让伯爵放松警惕。最后，她瞅准时机，晚上逃离了城堡，坐上了一条事先准备好的小船，溯流而下到了图尔斯，这个镇子远离伯爵的城堡，已经属于其他人的辖地了。

从图尔斯到阿基坦的路上，埃莉诺又遇到了另外的危险，但是侥幸化险为夷。事情是这样的，安茹王朝的杰弗里，就是已经和埃莉诺订婚的亨利王子的弟弟，企图抢走埃莉诺，强迫她嫁给自己，而不是嫁给他的哥哥。这似乎很奇怪，有人如此卑鄙无耻，竟然要算计自己的哥哥，抢走哥哥的未婚妻。其实，在当时，这样的事发生在英格兰王室，根本不足为奇。他们彼此算计，兄弟算计姐妹，丈夫算计妻子，父亲算计儿子。这些算计大都会演变成公开的战争，而血缘关系最近的人之间爆发战争，往往是最残忍无情，最令人绝望的。

因此，杰弗里企图抢走哥哥的未婚妻，侵占她的领地，在敌对的兄弟之间已经算是一件平淡无奇的小事了。杰弗里最初的打算是，等埃莉诺的船一从上游下来就抢走她，可是埃莉诺在中途改走另一条发源于南部的支流，从而侥幸避开了杰弗里设下的陷阱。埃莉诺沿着这条支流侥幸躲过了杰弗里的伏击，历经千难万险，终于安全到达了阿基坦公国。亨利王子很快赶来见她，然后他们就结婚了，这距埃莉诺和路易七世离婚只有六周。这门婚事从始至终都是交易。虽然埃莉诺的品行颇受诟病，但她依然是拥有权力的女公爵，而且现在又成了英格兰王位继承人的妻子，所以，无论她的品行怎样，都不会影响世人对她的尊敬。

从埃莉诺与亨利王子第一次约会，到理清所有离婚相关的诉讼，并再婚，时间已经过去两年了。现在，埃莉诺三十二岁了，而亨利王子才二十岁。亨利王子似乎并不爱埃莉诺，当初答应娶埃莉诺只是为了得到埃莉诺的帮助，借助阿基坦公国的力量帮自己夺回英格兰王位。

结婚一年后，他们就发兵征讨英格兰。大军配有三十六条大船，士兵数量庞大。最后，亨利王子带领军队，率先登陆英格兰，并向斯蒂芬的大军发起进攻。战争持续了一段时间，但双方势均力敌，最后就决定和解。他们达成协议，由斯蒂芬继续当英格兰国王，但他去世后由亨利王子继位。于是，亨利王子率领军队返回诺曼底。大约两三年后，亨利王子获悉斯蒂芬去世的消息，就立即以英王的身份赶往英格兰，埃莉诺则以王后的身份随

亨利二世（继承英格兰王位前的亨利王子）

行。很快,他们就在威斯敏斯特进行了加冕仪式,并举行了盛大游行。

从此,阿基坦的埃莉诺,也就是理查一世的母亲,于1154年当上了英格兰王后。

亨利二世家族：内讧与战争

精彩看点

亨利二世的儿子和女儿——叛乱和家庭争吵——埃莉诺王后在伦敦加冕——光彩照人的画像——王后的盛装——国王的盛装——伯蒙德西的宫殿——狂欢的场面——牛津的王宫——牛津王宫现在的面貌——很早订婚——让孩子四岁订婚的原因——代替治理——理查叛乱——埃莉诺王后开始受难——王后的斗争——被囚于温斯特彻——亨利王储的书信——亨利王储去世——懊悔——不孝子临死前的痛苦——悲恸让敌对的亲人和解——再次争吵——理查童年的婚约——杰弗里的离世令人难过——划分继承权——亨利二世的肖像——理查反对父亲的计划——腓力二世的帮助——亨利二世责备约翰——美女罗莎蒙德

英雄们的早年大都经过战争的洗礼，这里的战争指的是发生在家族不同成员间的战争。战争源自父子之间争夺家族财产和权力的斗争。亨利二世有五个儿子，在这五个儿子中，理查行三；他还有三个女儿。他拥有大量财产，其中一部分继承自父、祖，一部分是妻子埃莉诺带来的。他拥有广袤的领土，英格兰是他的王国，诺曼底是他的公国，此外，他还有其他许多领地。他是一个慷慨的父亲，很早就把其中的一些领地封给他的儿子们，但他们并不满足，而是想得到更多。一开始，亨利二世会答应他们一些不合理的要求，但他心里清楚，一味纵容只会让他们更加贪婪，所以最后他就拒绝了。结果，他的儿子们竟然结盟来对抗他。于是，叛乱、征军、战争、围攻接踵而至。王后埃莉诺也经常加入。在这些你争我夺的战争里，最惨不忍睹的就是儿子攻击自己的父亲,洗劫、烧毁父亲的城镇,围攻父亲的城堡,致使父亲的土地饿殍塞途。久而久之,丈夫要防着妻子,姐妹要防着兄弟。而理查似乎是这个家族最极端、最鲁莽的一个,他在十七岁的时候就开始发动叛乱,反对父亲。这些战争打打停停,持续了很多年。每次,亨利二世刚和儿子们和解,没想到的是,他的儿子们很快就又打了起来。就像他们的大哥亨利王储说的,如果在他们兄弟之间,还有可能达成一致的事情的话,那肯定就是一起发动战争,攻打他们的父亲。

亨利二世和王后埃莉诺的关系,与他和儿子们的关系比起来,也好不到哪里去。从埃莉诺和亨利二世结婚开始,她的未来就确定了。尽管民间对埃莉诺的品行有些诟病,但英格兰人民还是非常拥护她为王后的。当埃莉诺的加冕典礼举行的时候,他们通过盛大的游行向她表示祝贺。在加冕典礼上,埃莉诺的着装格外引人注目,一方面是因为她迷人的风采,一方面是因为她的服装风格具有无穷魅力的东方韵味。服装是她从东方的安条克公国带到伦敦来的,包括丝绸锦缎制成的外套和围巾,缀着珠宝的紧身衣,可以缝在领口和衣袖上的各种饰品以及漂亮的面纱等。它们在君士坦丁堡制成,流行于东方。当王后穿着它们出现时,大家赞不绝口。在这些衣

亨利二世与埃莉诺王后

服的衬托下，王后光彩照人。在场的画师为她画了像。后来，这些画像作为插图放入了书里，现在一翻那时的书就能看到。一本书中的主人公被绘成插图，是当时出版界非常流行的做法。这些插图色彩鲜艳、惟妙惟肖。加之当时的书都是纯手工制作，所以显得高贵而典雅。埃莉诺的一些画像保存至今，从而使我们有机会一睹她在加冕典礼上身穿东方服装的风采。画像中的埃莉诺戴着精美的头饰，头饰上镶着一圈璀璨的宝石。她穿着袖子很窄的礼服，礼服上布满了密密的褶子。胸前的领口上也镶着一圈宝石。礼服的外面还套了一件优雅的连衣裙，裙边上缀着绒毛。连衣裙的袖子很宽松，袖边上缝着貂皮。我们甚至能看到下面礼服的窄袖。她头上披着长长的、漂亮的薄纱。国王的服装同样华贵。所有参加加冕典礼的主教、高官也都身穿盛装。此刻，整个伦敦洋溢着欢乐，王后也感到无比自豪、振奋。

　　加冕典礼过后，国王将伯蒙德西宫赐给了埃莉诺。该宫殿距伦敦很近，坐北朝南，里面有高大的建筑、五彩斑斓的花园和风景宜人的庭院。这座宫殿建在一座地势较高的山上。站在这里，你会发现整个伦敦的美景尽收眼底。

　　在伯蒙德西宫，埃莉诺过上了养尊处优的生活。除

伯豪德西宫

了伯蒙德西宫,她还有好几所宫殿,所以她经常在不同宫殿换着住。为了让自己的生活丰富有趣,她想出了很多主意,比如演喜剧、玩游戏、办宴会以及举行各种庆典。于是,王宫时时充斥着热闹,处处洋溢着欢乐。国王有时也会参加。一位史学家细致地描述了国王赶往王后的宫殿去参加活动的场面:"某个清晨,国王要去参加王后举办的宴会了。随行的人跑来跑去,好像丢了魂似的。车队里马撞马,车碰车,一片混乱。国王带去给王后捧场的人有演员、赌徒、厨子、捏糖人的手艺人、莫里斯舞女、理发师和高级妓女,他们兴奋地呼来喊去,跑来窜去。现场聒噪得简直令人无法忍受。现在你大约可以想像到王宫里的人生活在怎样的环境里了。"

埃莉诺加冕为英格兰王后过了大约三年,理查出生了;之后她就一直住在一座位于牛津的宫殿里。该宫殿现在几近坍塌了。一部分尚算完好的房间用作教养院。理查出生的那个房间的屋顶已经破烂不堪,所以不适合人住。除了壁炉斑驳的遗迹,房间里什么都没留下。别看这个房间摇摇欲坠了,但它对英格兰人民的吸引力却不减当年。人们络绎不绝地来这里参观,一睹英格兰大英雄的出生之地。人们景仰的是他那大无畏的精神,而不是他那鲁莽、偏执而极端的性格。

贵族们在伯蒙德西宫近旁举行宴会的场景

孩提时的理查经历的第一件要事竟然是他的婚事。不到四岁他就订婚了。他的未婚妻是法王路易七世的女儿，名叫爱丽丝。其实，理查的婚事是父亲亨利二世与法王路易七世和谈的结果，路易七世的另一个女儿，也就是爱丽丝的姐姐玛格丽特公主，也是因为和谈嫁给了理查的哥哥亨利王储。理查订婚表明英王与法王正式履行了当初的约定，所以订婚仪式办得格外隆重。

当初，谈判玛格丽特公主的婚事时，亨利二世与路易七世在嫁妆一事上产生了尖锐的分歧。亨利二世嫌嫁妆太少，就跟路易七世争吵不休。最后，路易七世被迫作出让步，增加一个省作为玛格丽特公主的嫁妆。我们不难发现，亨利二世之所以同意与法国联姻，主要是因为他打了一个如意算盘，那就是虽然法国的公主尚未成年，但她们丰厚的嫁妆终有一日会成为他的囊中之物。按照当时的惯例，这些嫁妆的所有权永远属于公主和她们的丈夫，但如果离婚，那么公主有权带走自己的嫁妆。如果公主与王子订了婚，但尚未到结婚的年龄，那么王子的父亲可以作为他们的监护人暂时"保管"公主的嫁妆。我们知道，公主的嫁妆其实主要是她们的国王父亲赐给她们的封地，所以这就意味着她们未来的公公可以暂时统治这些领地。对于亨利二世而言，他就是这两位

玛格丽特公主

亨利王储

第二章 亨利二世家族：内讧与战争

法国公主未来的公公，所以可以暂时统治她们的封地。毫无疑问，这从一定程度上增加了他的领土。

于是，亨利二世的领土就变得更大了。他从自己的父亲那里继承了诺曼底，并且在成为英格兰国王之前就统治着那里。娶了埃莉诺之后，跟埃莉诺一起成了位于法国南部的阿基坦公国的统治者，这就等于他又获得了一片领土。他成为英格兰国王之后，实力大增。这时，随着他的未成年儿子们的婚事谈妥，他又获得了许多领地，尽管他是代儿子和儿媳管理的。这些领地散布各地，所以他就将妻儿派去，由他们负责治理。当然，他仍然是这些领地的最高统治者，他们接受他的领导，获准在自己的领地上兴建宫殿。然而，随着孩子们渐渐长大，他们越来越想摆脱父亲的约束，而王后埃莉诺既比亨利二世年长许多，治国理政的经验又比他丰富，所以就更不愿服从亨利二世的统治。于是，家族纷争就出现了，进而叛乱爆发了，这在本章开头就交代了。就像前面说的，理查也叛乱了，当时他大约十七岁。

期间，只要王子们发现自己的军队不敌父亲的军队，他们就会去巴黎向路易七世求援。路易七世乐见亨利二世家族纷争不断，所以他非常愿意派军队支援那些被打得狼狈不堪的王子们。

其实,埃莉诺对这些纷争很头疼。除此之外,还有一件事令她烦恼,那就是他的丈夫迷恋上了一个跟他年龄相仿的美女,她的名字是罗莎蒙德。她在历史上被称为"美女罗莎蒙德",我在下一章会详细讲述她的故事。这里有必要说的是,随着丈夫对罗莎蒙德感情的加深,埃莉诺变得越来越心烦意乱了。也许她无权去抱怨,因为她利用自己的权力做了许多令他们夫妻感情疏远的事,比如跟别人搞暧昧以及其他水性杨花的行为。后来,她在阿基坦公国的首都波尔多听到谣言,说亨利二世打算和她离婚,然后和罗莎蒙德光明正大地结婚。于是,她决定回到前夫路易七世的身边。然而,阿基坦公国分布着许多驻有亨利二世军队的城堡,她担心驻军一旦获知她的打算,就会用武力阻止她。于是,她女扮男装,并成功地离开了波尔多,但很快就被驻军发觉了。驻军的长官立即派出军队追她,而且没过多久就追上了,然后将她带了回去。驻军对她十分粗鲁,把她关了起来。亨利二世来阿基坦公国后,得知她打算回到路易七世身边,勃然大怒,因为路易七世是他最大的情敌。于是,他派人严密监视埃莉诺,以防她再次逃跑。埃莉诺的自由受到限制,这让她觉得自己像个囚犯。

这时,亨利二世和他的一个儿媳发生了争吵,于是

美女罗莎蒙德

就把她也囚禁起来。过了不久,他带着这两个"囚犯"回到了英格兰。又过了一段时间,他将埃莉诺送到了温彻斯特的一处宫殿软禁起来,而且一关就是十六年。这十六年正是亨利二世和他的儿子们斗争最激烈的时期。

到了1182年,亨利二世正和儿子们激战。有消息传来说他的长子亨利王储病危,希望能见父亲一面。亨利二世听到消息后不知所措。他的军师建议他不要去,说这不过是亨利王储骗他的计谋,如果去了,就会遭到软禁。于是,亨利二世决定不去,但他还是担心长子。他派大主教为信使给亨利王储送去一枚戒指,说这枚戒指既代表父爱,也代表一个父亲对他的原谅。不久,另一个信使告诉他亨利王储已经去世了。亨利二世闻讯悲痛不已,亨利王储忤逆不孝的行为已经从他的记忆中消失了,留在他记忆中的是亨利王储是他的爱子。他难过得心快要碎了。而亨利王储临终前在病榻上一想到自己对父亲犯下的罪过,就懊悔不已。他希望父亲来见他最后一面。大主教带着戒指及时赶到亨利王储那里。他将戒指放到唇边,接着感谢了上帝,然后他泪如雨下,悲伤难禁。弥留之际,他陷入深深的懊悔之中,所以情绪变得十分可怕。神父们为了让他获得平静,就围在他的床边不停地宽慰他,但无济于事。最后,为了从痛苦的深渊里解脱,他命令他们用绳子勒住他,把他从床上拽下来,然后把他拖到房间里的一堆灰里。他说像他这样的恶棍只配死在那里。

所有忤逆不孝的孩子在即将离世的时候,都会反省对父母所做的不孝之举,都会觉得愧对父母。而随着亲人的去世,其他一直敌对不和的亲人往往会达成相互谅解。这种情况的影响力不可小觑。万事如意的时候,夫妻有时会反目成仇,但遇到磨难和痛苦时,他们却会冰释前嫌,和衷共济。亨利王储去世后,亨利二世和埃莉诺实现了和解。虽然亨利王储做过许多大逆不道的事,但父母对他的爱却没有减少,所以他们非常痛苦。亨利二世原谅了埃莉诺对他的所有冒犯与不敬,不管这些冒犯与不敬是真的还是莫须有。

"现在,我们亲爱的儿子已经去世了,"亨利二世说,"我们也不要吵架了。"接着,埃莉诺获得了自由,王后的头衔也随之恢复了。然而,这样的日子过了不到一年,他们又反目了,并且像之前一样激烈。于是,亨利二世再次软禁了埃莉诺。他和理查也发生了激烈的争吵,原因与爱丽丝公主有关。理查和爱丽丝在童年时订了婚,现在他们已届婚龄,理应正式履行婚约,但亨利二世就是不同意他们完婚。

有人猜测，亨利二世之所以这样做，是因为他想继续做理查的监护人，从而尽可能久地霸占爱丽丝的嫁妆。这种猜测是有一定的道理的，但如果你知道了理查的想法，你肯定会吃惊。理查认为他的父亲爱上了爱丽丝，所以根本就没打算让他娶爱丽丝。于是，新的矛盾出现了，亨利二世和理查的关系比以前更糟糕了。最后，理查三十岁了，他的未婚妻二十六岁了，但他的父亲还是不同意他们完婚，同时也不允许理查另娶。

就在这时，理查的一个弟弟杰弗里在一次骑马比赛中意外死亡。他骑着骏马，遥遥领先，但不幸突然发生了，他从马上摔了下来，接着被后面飞奔而来的马踩死了。现在，亨利二世就剩下理查和约翰两个儿子了。理查年长，理应继承王位。但亨利二世不想让理查一人继承自己的全部领地，而是打算将自己的领地分给两个儿子。具体计划是这样的，他准备把大陆上的领地赐给理查，而让自己偏爱的小儿子约翰继承英格兰的王位。同时，为了顺利实现自己的计划，他打算让约翰立刻即位。

亨利二世的计划遭到理查的坚决反对。这时，法王路易七世已经驾崩，继位的是他的儿子、爱丽丝的弟弟腓力二世。为了获得腓力二世的支持，理查来到了巴黎。他把自己的处境告诉了腓力二世，并说："我已经与你

第二章 亨利二世家族：内讧与战争

骑在马上的杰弗里

的姐姐爱丽丝订婚了，但是我的父亲阻止我娶她。我希望你帮我夺回属于我跟你姐姐的权力。"

腓力二世跟他的父亲路易七世一样，特别喜欢干涉亨利家族的矛盾。于是他对理查的请求欣然表示赞同。与此同时，理查则想方设法引诱约翰叛乱，并且取得了成功。

当亨利二世得知自己偏爱的小儿子约翰背叛他的时候，他又痛又怨又气。于是，他就开始诅咒自己的小儿子。制作了一个刻有雏鹰将母鹰的眼珠啄出来的画的徽章，然后派人送给约翰。他这是在骂约翰忤逆不孝。

总之，理查长大后，面对父亲、母亲和兄弟们之间无休止的争吵，他非常痛苦。其实，他的母亲埃莉诺也有一桩莫大的伤心事，那就是亨利二世和罗莎蒙德的恋情。关于这段恋情的始末，我会在下一章中讲到。

第三章

亨利二世与罗莎蒙德的爱情

精彩看点

罗莎蒙德的秘密——瓦伊河谷——秘密结婚——伍德斯托克宫——罗莎蒙德的秘密小屋——迷宫的建造——难以辨别的路——罗莎蒙德的藏身之所如何被王后找到——地下通道——故事不足为信——罗莎蒙德隐居戈德斯托修道院——世人同情罗莎蒙德,而不同情埃莉诺——婚姻是否得到承认——埋葬罗莎蒙德——主教命令将她的坟墓迁走——修女们再次把她的遗体迁回修道院——罗莎蒙德的卧室——修缮那间小屋亨利二世活着的时候，一方面使用权力尽量隐瞒他和罗莎蒙德的关系，一方面讳谈她的情况。他驾崩后，王室为了保全荣誉和避免利益受损，对她的事尽量闭口不谈。这样一来，罗莎蒙德的真实情况就鲜为人知了，稀奇古怪的谣言从而应运而生。最后，历史学家们写关于罗莎蒙德的历史时，就很难掌握真实情况了。目前，最值得相信的说法是，罗莎蒙德是英格兰贵族克利福德勋爵的女儿。克利福德勋爵住在一座美轮美奂的城堡里，城堡位于瓦伊河谷。瓦伊河是英格兰西部的著名河流，它发源于威尔士山脉，流经一个野花丛生、绿意盎然的山谷。瓦伊河从威尔士进入英格兰后，那个山谷变得非常开阔，它土壤肥沃，风光优美。克利福德勋爵的城堡就在这里。罗莎蒙德的童年肯定是在这里度过的，她甚至有可能在这里长大成人，并在这里邂逅了风华正茂的

克利福德城堡遗址。这是罗莎蒙德小时候居住的地方

亨利二世。罗莎蒙德貌美如花,令亨利二世一见倾心。当时,他们年华正好,亨利二世也还没有娶埃莉诺为妻。有些人认为亨利二世秘密地娶了罗莎蒙德,只是他不想让外人知道,因为他心里很清楚,按照传统,国王和王子的婚姻是由国家利益,而不是个人意愿决定的。后来,亨利二世去了巴黎,遇见了埃莉诺。当他发现埃莉诺愿意带着丰厚的嫁妆——阿基坦公国与自己喜结连理时,他考虑到自己的领土会因此大增,就决定娶她为妻。同时,他跟罗莎蒙德关系依旧,但无论他们是什么关系,他都会尽量使之成为永远的秘密。

我在前文已经讲过,亨利二世与埃莉诺结了婚,并一起回到了英格兰。一开始,他们如胶似漆地生活在一起,经常在各式各样的宫殿里换着住,有时住在这个宫殿,有时住在那个宫殿。实际上,这些宫殿都历经十几代英王几百年的营建和扩建,其中最美的莫过于伍德斯托克宫了。

亨利二世和罗莎蒙德所生活的那个时代,伍德斯托克宫四周遍布风景宜人的花园和郁郁葱葱的庭院。据说,亨利二世在宫里某个偏僻的地方为罗莎蒙德造了一个隐蔽的小屋。通往小屋的入口藏在几乎密不透风的丛林深处,只有一条曲折复杂的小路可通。为了迷惑那些想进

伍德斯托克宫

第三章 亨利二世与罗莎蒙德的爱情

入的人，小路上开辟了不计其数的岔路。当时，设计这种路的宫殿被称"迷宫"。通常情况下，迷宫只是一种引起来客好奇心的"装饰"。

古书里记载了许多修建迷宫的方法。迷宫各个方向的岔路迂回曲折，到了转弯处又会分出几条一模一样的岔路，所以要想从中识出正确的路真是难上加难。当然，这些路中肯定有一条是正确的，它通向迷宫的中心，那里也许会有房子、赏景用的漂亮座椅、花园、凉亭以及其他一些引人注目的东西。如果你是那个走到这里的幸运星，那么你肯定会大饱眼福。如果你顺着其他路走，不是哪里都去不了，就是在各种各样的迂回曲折的岔路上绕来绕去。这些岔路看上去跟正确的小路别无二致，但走着走着突然就没路了，那么你就得走回头路。如果你想从这条走不通的路直接跨到另一条路上去，那根本不可能，因为所有的路要么是用茂密的荆棘，要么是用高高的墙壁隔开。

罗莎蒙德就住在这种迷宫里，也就是伍德斯托克宫的一个小屋里。虽然这所宫殿的主人是王后埃莉诺，但她却不知道这里藏着一位倾国倾城的美女。迷宫里的树木高可参天，荆棘青翠欲滴，它们交织在一起，将那个美女藏得严严实实，长时间来既没有引人生疑，更没有被人发觉。

然而，王后最终还是发现了亨利二世的秘密。故事是这样的：亨利二世惯用一条丝带来确定进出迷宫的路；一天，王后在花园里与亨利二世一起骑马，不经意看到了这条丝带，其中一部分还拴在国王的马刺上。她什么也没说，而是悄悄地顺着丝带往前走，最后到了几乎全被遮住的奇怪的门前。王后打开门口，一条地下通道赫然出现在眼前。现在，她的兴趣和好奇心变得越来越浓烈了，打破砂锅问到底的心思越来越强烈了。于是，她沿着地下通道继续走，最后到了一堵院墙外的一个地方。这里灌木横生，有个小屋若隐若现。这时，王后发现罗莎蒙德正坐在小屋附近的凉亭里做女红。

亨利二世在伍德斯托克宫金屋藏娇的秘密终于暴露了。王后勃然大怒，据说她立刻派人送给罗莎蒙德一杯毒酒和一把匕首，并强迫她二选一自杀。最终，罗莎蒙德选择了毒酒，喝完就死了。

不过，这种说法是失真的，因为根据史料记载，王后发现罗莎蒙德的存在后，就迫使亨利二世与她分开了，但她接下来活了很多年。有人认为，罗莎蒙德与亨利二世的关系在他与埃莉诺大婚后又维持了两年，因为她很有可能蒙在鼓里，对他们结婚的事一无所知，甚至以为自己仍然是亨利二世的合法妻子呢。事实上，她有可能

美女罗莎蒙德与红丝线

埃莉诺王后发现罗莎蒙德

埃莉诺王后来到罗莎蒙德面前,扯起红线

真的是亨利二世的合法妻子。不管怎样，当罗莎蒙德和埃莉诺知道彼此的存在后不久，罗莎蒙德就去一所修道院隐居了，与世隔绝，了却残生。

该修道院的名字是"戈德斯托"，离牛津市不远。罗莎蒙德在这里住了近二十年，深受这里的修女们喜欢。亨利二世为了表达对她的歉意和思念，就在这二十年里多次捐款给修道院。王后还是一如既往地嫉妒、疑忌美女罗莎蒙德。其实，罗莎蒙德是亨利二世和王后之间矛

戈德斯托修道院遗址

第三章 亨利二世与罗莎蒙德的爱情

盾的主要因素之一。世人大都比较同情罗莎蒙德。她和亨利二世年龄相仿，亨利二世对她的感情毫无疑问是真爱；而王后的年龄比他大很多，与他的感情也不是纯洁的。当初他们结婚可谓各取所需，埃莉诺从一段痛苦婚姻中获得了解脱，而亨利二世获得了巨额嫁妆，大大增强了实力。此外，罗莎蒙德性格温柔、心灵美好，至少在世人的眼中她就是这样。她对穷人仁慈友善，隐居修道院期间殷勤地奉侍上帝。反观埃莉诺，她胆大妄为，薄情寡恩，生活放荡；更有甚者，她但凡有点儿不如意，就会对丈夫吹毛求疵。

因此，获得世人同情的是罗莎蒙德而不是王后。其实，谁应该获得同情取决于谁才是亨利二世的妻子。亨利二世可能真的娶了罗莎蒙德，或者他们至少已经举行了结婚仪式，同时这被罗莎蒙德视为完婚。果真如此的话，那罗莎蒙德就是无辜的，因为亨利二世既然已经结婚了，就不该为了得到埃莉诺的领地，先是否认与罗莎蒙德的婚姻，然后再娶埃莉诺。如果罗莎蒙德没有嫁给亨利二世，而是利用美色引诱亨利二世离开自己的妻子埃莉诺，那她就罪无可恕。这两个假设孰真孰假，现在已经难辨了，但不管哪一个是真的，亨利二世都是有罪的，因为他背弃了神圣至极的结婚誓言和一个男人永远该承担的责任。

罗莎蒙德生了两个孩子，一个叫威廉，另一个叫杰弗里。亨利二世生前，他似乎一度承认他们是他的儿子，这无异于承认了他和罗莎蒙德确实结过婚。一次，在战场上亨利二世走近威廉，当着将士们的面说："威廉，你才是我真正合法的儿子，我别的儿子什么都不是。"

也许亨利二世只是想打个比方，他真正的意思是只有像威廉这样勇敢的年轻人才够格当他的儿子，或者是他不经意说漏了嘴，承认罗莎蒙德是他的合法妻子，而埃莉诺不是。

然而，随着时间的流逝，亨利二世考虑到他和埃莉诺的政治联姻，不得不在政治上做出一些安排，并且她生的儿子继承英格兰王位已经是大势所趋。也许亨利二世考虑过与埃莉诺离婚，但一想到无穷无尽的阻力以及许多人因为利益受损而悲伤，他就望而却步了。因此，罗莎蒙德的权利，如果她真的有什么权利的话，一定会被亨利二世完全剥夺。她只能渐渐地淡出公众的视线，默默无闻地死在修道院，而且再也不会引起任何人的注意。

她去世后，受到她善待的修女们将她的遗体风风光光地安葬在修道院里，但是修道院所在教区的主教仍然命令将她的遗体迁走，改葬到公墓里，因为在他看来，罗莎蒙德没有和国王结婚，却将她的遗体葬在修道院里，

第三章 亨利二世与罗莎蒙德的爱情

并且授予她不朽的荣誉,这是不合适的。如果事实真是主教认为的那样,那么他礼貌而恭敬地将她的坟墓迁走,那他就没有做错什么,但还有一种可能,那就是他明知道罗莎蒙德嫁给了亨利二世,但他为了取悦当时在位的英王,埃莉诺的儿子理查才这样说的,这就意味着在谁是亨利二世的合法妻子这一问题上,他选择了埃莉诺。

尽管理查可能对主教的做法感到满意,但修女们根本不买他的账。她们不仅与罗莎蒙德交情匪浅,而且对她充满了感激:自从她在修道院隐居后,亨利二世才慷慨地捐助,改善了她们落魄的处境。于是,她们待时机成熟,就把罗莎蒙德的遗体从公墓里重新运回修道院。尽管她们看到的只有枯干的骸骨,但她们还是恭敬地添加香料,购买新棺,小心装殓,最后将其安葬在修道院的人行道下。她们在那里放了一块刻有她生平事迹的文字的石板作标记。

后来,伍德斯托克宫里的罗莎蒙德的秘密小屋引起了人们极大的兴趣。小屋里有一间卧室,长期惯以"罗莎蒙德的卧室"的名号。英格兰某位国王的一封信被保留至今。信是在罗莎蒙德死后大约一百年写的,内容大意是该国王下旨修缮这所小屋,特别是里面的那间卧室,要修得尽善尽美。其中一部分原文是"那个小屋一定要修葺一新，罗莎蒙德的卧室要修得和从前一模一样，不要忘记在窗子上安装玻璃，该用大理石的地方不要省，一定要安装下水管道。"从此，罗莎蒙德的故事成为英格兰历史上最有趣的插曲之一。

第四章

亨利二世驾崩、理查登基
与埃莉诺王后的短暂摄政

精彩看点

亨利二世战败——议和谈判——雷雨——亨利二世的马上本领——理查和腓力二世提出苛刻的谈判条件——国王生病——对约翰的行为感到寒心——希农的宫殿——将死国王的诅咒——亨利二世的侍臣们薄情寡义——理查随送葬火车到凤弗洛修道院——理查即刻继位——祸福相依——埃莉诺摄政——她的性格发生改变——理查回到英格兰——理查提议十字军东征——约翰装腔作势——欺骗——亨利二世的宝藏——事随境迁——同党遭到贬黜

理查三十二岁的时候他的父亲亨利二世突然驾崩，他奉诏继承王位。

亨利二世驾崩前的处境凄惨极了。理查和法王腓力二世结盟攻打亨利二世。亨利二世不幸战败，接着他的大臣们一个个弃他而去，并加入了对手的阵营。亨利二世平常就易怒，更别提他的对手取得胜利时了，尤其想到打败他的人之一是自己的儿子，他就更加生气了。他陷入了绝望，痛苦不堪；他深恨自己不该来到这个世界，大骂查理大逆不道、忘恩负义，因为他让自己蒙羞遭难。

最后，亨利二世在军事上陷入了绝境，不得不接受议和。至于议和的条件，只要理查和法王腓力二世觉得合适，就可以任意施加。议和条件当然非常苛刻。第一场谈判是在旷野上举行的。腓力二世和亨利二世骑着马如期见面。他们的仆人遍布四周。知趣的理查不想亲眼看到父亲蒙羞，就没有参加。

谈判期间，一场雷雨倏忽而至。一开始，两位国王都不以为意，继续他们的谈判。亨利二世是个骁勇的骑士，几乎一辈子都是在马上度过的。他的一位史官曾说，除非吃饭，否则他就一直待在马上。总之，他与马形影不离：骑着马打猎，骑着马战斗，骑着马旅行；现在他骑在马上跟对手在雷电交加的暴风雨中谈判。尽管他的身体一向强壮，但现在不行了，同时精神因为连遭沉重打击也大不如前了，所以他已经禁不住风吹雨淋了。突然，一声雷在他的头顶正上方响了起来，然后落在他和腓力二世之间。当时他们都骑着马站在旷野上。亨利二世坐了一阵后头晕，摇摇欲坠，要不是旁边的仆人一把扶住他，他没准儿会从马上栽下来。仆人们发现他已经非常虚弱，根本无法继续谈判了，于是就把他背回了帐篷。不久，腓力二世和理查同意议和的条件，并将之写成条款寄给了亨利二世。

拿到议和条款的仆人给卧病在床的亨利二世读了起来，这些条款包括剥夺他一大部分领地；勒令他的大臣服从理查和腓力二世；要求他善待而不是恨理查……当读到他必须原谅所有叛乱的或临阵倒戈的贵族时，他要求看一眼载有叛乱贵族姓名的名单，目的是搞清楚到底是哪些人在他最困难时抛弃了他。当他看到名单的最前

腓力二世

面赫然写着"约翰"二字时,他就从床上坐了起来,茫然四顾。约翰可是他最疼爱的儿子啊!他怎么也会背叛自己呢?其实,他不知道约翰之所以加入反对他的阵营,是为了防止理查趁机侵犯自己的权益。

他哭着喊道:"约翰,我的心头肉!我把你看得比什么都重要。因为爱你,我不惜承受羞辱和磨难。你真的背叛了我吗?"仆人们告诉他,约翰的确背叛了他。

他绝望地倒在床上说:"既然如此,那就听天由命吧。我不会再爱惜自己,更不会再眷恋这个世界。"

以上这些故事都发生在亨利二世和理查对抗的主战场——诺曼底。离国王养病的地方不远有一所田园气息浓郁的宫殿。该宫殿坐落在希农镇,而希农镇坐落在卢瓦尔河支流的河畔上,风景秀美,是历代诺曼底公爵重要的避暑胜地之一。为了静养病体,亨利二世命令仆人们把自己抬到那里。但是去了后,美丽的景致和仆人们的精心照料非但没能让他打起精神,他反倒变得越来越忧郁、绝望了。过了些日子,他意识到自己快要死了,身体越来越羸弱,情绪越来越激动。他的仆人时不时地听到他在痛苦地呻吟:"奇耻大辱啊!奇耻大辱啊!我是一个失败的国王,一个无能的国王!我真不该来到世上,我的那些不孝的孩子们都该受到诅咒。"他身旁的

亨利二世最疼爱的儿子约翰

牧师们都竭力规劝他不要这样诅咒别人，他们告诉他父亲诅咒儿子是件非常可怕的事，并希望他收回刚才的话，但他坚决不。他继续诅咒着他的孩子们，除了杰弗里·克利福德之外。杰弗里·克利福德是罗莎蒙德的孩子，他现在还没有背叛过，现在正陪着这个病人。只见亨利二世变得越来越兴奋，精神越来越混乱，最终神志不清，胡言乱语，接着就驾崩了。

一个国王生前无论有多少仆人侍奉，但一旦驾崩，就会树倒猢狲散。比如亨利二世，就算他奄奄一息了，他的侍从们还是对他毕恭毕敬，因为他们觉得万一国王病愈，那他就会继续统治英格兰，而他们就得继续侍奉他，未来十五到二十年的运气也都受他掌控。然而，当亨利二世停止了呼吸，这就意味着他的时代结束了，他的儿子理查将会继位，开启一个新的时代。于是，他们既不会害怕他，也不会指望他，接着他们那唯利是图、薄情寡义的本性毕现，开始抢夺亨利二世身上贵重的衣饰，甚至找遍宫殿的每个角落、拿走所有值钱的东西。他们大言不惭地说，这些东西是他们该得的，因为按照惯例，将国王一直侍奉到驾崩的那些仆人有权获得他的随身物品。接着，这些无耻的仆人就不知所踪了。亨利二世的臣子们费了很大的劲，才用裹尸布将他的尸体裹

第四章 亨利二世驾崩、理查登基与埃莉诺王后的短暂摄政

起来。接着，他们为国王进行了装殓，并用马车将棺椁拉到修道院。

前往修道院的途中，送葬队伍遇见了理查。原来，他听说了亨利二世驾崩的消息，就赶来参加父亲的葬礼。理查随着送葬队伍到了风弗洛皇家修道院。该修道院在古代是诺曼君主们的埋骨之处。

到达修道院后，理查为了见父亲最后一面，就下令开棺。亨利二世的脸没有被盖上，所以他看到了父亲的

亨利二世的埋骨之处，风弗洛皇家修道院

遗容。我们知道，亨利二世驾崩前的最后几个小时，他的心里充满了愤怒、怨恨，所以他的面目扭曲变形、狰狞可怖。理查吓坏了，立即转身离开了。

理查现在一想起在风弗洛皇家修道院所看到的父亲的遗容，就变得非常痛苦。过了一段时间，这种痛苦才渐渐退去。他开始集中精力处理一些迫在眉睫的事务。虽然他是英格兰王位、诺曼公爵爵位的合法继承人，但他仍然觉得有必要采取措施巩固权力。罗莎蒙德生的两个儿子——杰弗里·克利福德和威廉·克利福德没有觊觎王位，但他的兄弟约翰却图谋不轨。理查一直忌惮约翰，所以为了防止他篡位，就立即派人赶往英格兰解除母亲的监禁，并请求母亲在他入主英格兰前摄政。这样他就能心无旁骛地留在诺曼底，因为这里的形势要比英格兰复杂，他的邻居法王腓力二世一直对诺曼底虎视眈眈。

理查解除母亲的软禁，让她承担无上光荣的摄政地位，起到了意想不到的效果。她不负所望，完成了理查的重托。漫长的监禁和痛苦对她是福，让她的性格变得好起来。其实，充满痛苦、历尽磨难的生活总是可以改善人的性格，唤醒其同情心，促使其助人为乐；荣华富贵、骄奢淫逸的生活总是恶化人的性格，使人变得自私无情。

第四章　亨利二世驾崩、理查登基与埃莉诺王后的短暂摄政

在英格兰摄政的两个月期间，埃莉诺以仁治国，释放了许多常年囚禁的刑事犯，赦免了许多不幸的政治犯。她暮年将至，追思过去，悔恨不已。她犯了多宗违背人伦的罪：背叛了两位丈夫以及煽动儿子们反对他们的父亲。为了减轻自己的罪责，她就积德行善，努力减轻人民的苦难，虽然为时已晚，但她仍然感到些许宽慰。经过她的治理，叛乱迭起、战争频仍的英格兰渐渐地走出了苦难。她最后悔的莫过于跟丈夫这几十年的斗争，她因此让他遭了不少罪。他活着的时候，她觉得与丈夫作对其乐无穷，现在他驾崩了，她没有了斗争的激情，感到无比寂寥，甚至为他的死而痛苦。她慷慨地向穷人们施舍，想感化他们去为亨利二世祈祷，从而让他的灵魂得到安息。当然，她在做这些事情的时候，并没有贻误国事。她夙兴夜寐，忧劳国政，并且告知所有贵族、主教和其他政教大员，理查即将继承王位，命令他们做好迎接他的准备。大约两个月后，理查回到了英格兰。此前，他毅然决定与法王腓力二世一起发动十字军东征。理查是个极端狂热的人，尚武好战。现在他的父亲去世了，他继承了英格兰王位和诺曼公爵爵位，就变得更加好战，就计划组建大军前往圣城，攻打萨拉逊人。

约翰十分赞同理查的计划，并自言自语道："如果

理查去了巴勒斯坦,那么他十有八九会战死,到那时我就可以取而代之,登基为王了。"

因此,他打算利用自己的影响力尽量促成理查的十字军东征的计划。他假装臣服理查,并竭力辅佐他,就这样十字军东征的准备工作有条不紊地展开了。

首先是筹集资金。东征开支浩大。建造运兵船需要花钱,购置装备、武器、弹药、粮饷和辎重也需要花钱。随军出征的王公、贵族和骑士所配备的盔甲、饰品和各种武器也花费不菲。虽然他们自称随军出征的目的是带着宗教热情去收复圣墓,但真正的动机却是为了建功立业,获得财富。总之,十字军东征的耗资庞大是毋庸置疑的。因此,理查到达英格兰,就马不停蹄地赶往他父亲亨利二世藏有无数金银财宝的温彻斯特。在温彻斯特,理查找到了一大批金银以及不计其数的金盘、珠宝和价值连城的宝石。理查亲自盘点了所有财宝,并列成一个详细的清单交给自己的宠臣管理。

接着,当初凡是支持自己叛乱、攻打亨利二世的人,都遭到了理查罢黜。理查心想:"既然他们会因为利益随我造反,那么如果得到更大的利益,他们也会背叛我。"所以他断定他们不值得信任。现在形势变了,他的地位不同了。他自己造反时,因为他不是王,所以他无动于衷;

理查一世

但现在他却不能容忍他们背叛君主。其实，类似的案例在英格兰历史上比比皆是。儿子们在朝野组织党羽反对父亲的政府，致使父亲的统治陷入动乱，但父亲一旦驾崩，他的其中一个儿子就会继位，接着就是整肃朝纲，严惩不忠之人。理查也不例外，现在他大权在握，视那些反对先王的人为邪恶力量，动辄以曾经怂恿他造反为由贬黜之。

第 五 章

理查的加冕大典与犹太人大屠杀

精彩看点

屠杀犹太人——犹太人的社会地位——犹太人经商的历史——犹太人在法国遭到迫害——安抚理查一世——加冕大典的盛况——圣油瓶——正式加冕——厚礼——人民的愤怒——发生口角——赶走犹太人——恐怖的大屠杀——国王的冷漠——暴徒肆虐——暴徒未受惩罚——国王理查的诏书

理查的加冕大典要举行了。按照传统，英王的加冕典礼在威斯敏斯特教堂举行。现在威斯敏斯特教堂已经装饰一新，安排妥当。遗憾的是，大典那天许多犹太人遭到屠杀，致使这个本该喜庆的加冕之日在历史上臭名昭著。大典结束后，随着大屠杀范围的扩大，伦敦和威斯敏斯特教堂发生了骚乱。

由于犹太人不信奉基督教，所以欧洲的基督教国家视他们为异教徒和野蛮人，不仅憎恶和排斥他们，而且普遍认为对他们进行迫害就是向宗教事业做贡献。

欧洲的基督教国家大都出台了限制犹太人的法律，这导致了一种奇怪的结果。犹太人被剥夺了拥有土地的权利，为了生存他们转而去经商。他们最喜欢做的是珠宝生意。珠宝体积小，但值钱。虽然当时珠宝生意被认为是非法的，但由于贵族们需要珠宝，所以犹太人还是受到了欢迎。有时，政府会下达缉盗的命令，虽然犹太人不是强盗，但他们担心遭到迫害，就会把珠宝随身藏起来，或者转移到别的地方。

就这样，犹太人赚了大钱，然后转行成了金融家或者放贷人。就算在当今世界，他们也是金融界和典当界的翘楚。虽然国王是一国之主，但他们为了执政或者筹集军费，常常借助犹太人的力量。

在法国，犹太人的数量越来越多，其影响力也越来越大，但腓力二世继位后，颁发了迫害犹太人的法令。接着犹太人全部遭到驱逐，其财产悉数被没收充公，欠犹太人的钱一律免除。虽然法令如此，但大部分法国人出于天生的正义感仍然继续还债。这种正义感的力量不可替代，任何国家和个人都不能低估。当然也有些法国人搭了便车，不再还钱。与此同时，那些贫穷的犹太人不得不突然离开法国，其生活马上陷入了困境。

英格兰的犹太人开始担心：亨利二世驾崩后继位的理查会不会效仿法王腓力二世驱逐犹太人呢？为了防止这种事情发生，并且赢得理查的宽容，他们决定在理查的加冕大典时，赶去威斯敏斯特教堂献上一份贺礼。购买贺礼的钱是有钱的犹太人出的。加冕大典那天，当威斯敏斯特教堂车水马龙、人来人往的时候，犹太人也来了。

第五章 理查的加冕大典与犹太人大屠杀

加冕礼是按着下面的流程进行的：国王进入教堂后，走上铺好的名贵华丽的毯子。这条毯子是用名贵的提尔紫染成的，从台阶一直铺到高高的加冕台上。国王的头顶是由四个精致的杆子支撑起的华盖，这些杆子分别由四个贵族举着。身份显赫的阿尔伯马尔伯爵捧着王冠走在国王的前面，领着国王走向加冕台。阿尔伯马尔伯爵走到加冕台上后，将王冠放在那里，坎特伯雷大主教站在加冕台前迎接国王，然后对着国王吟诵加冕誓词。

加冕誓词分为三部分：

第一，在他有生之年，他必须要对上帝、圣教会以及圣教会的一切教条充满忠诚、尊崇和敬畏之心。

第二，他必须要对他的子民公正、公平。

第三，他必须抵制一切传入英国的恶法陋习，必须立法严明，保持良好的信仰不变，而且思想不能懈怠。

听完加冕誓词后，国王揭下外面的袍子，脱去金色的凉鞋，然后让大主教在他的头上、胸膛和肩膀上擦圣油。这种油装在名贵的圣油瓶里。

理查一世

圣油擦完后,理查周围的贵族们就帮他穿戴上各种各样的皇家服装和饰品,这些贵族在加冕仪式上是担任仆从的。穿上长袍,戴上饰品后,他登上了通向祭坛的台阶。在他走的时候,大主教以上帝的名义命令国王说,除非他能完全履行刚才的誓言,否则就不能戴上王冠。

理查一世加冕

第五章 理查的加冕大典与犹太人大屠杀

理查再次郑重地请上帝见证，他将忠诚地遵守誓言，然后走到祭坛上，他拿起王冠交到大主教的手中，大主教将王冠戴在国王的头上，这样加冕仪式就结束了。

这时，群众们走过来向国王献礼，这些人里也有犹太人。他们的礼物十分贵重，价值不菲，国王很高兴地收下了它们，尽管之前他宣布加冕典礼上犹太人和女人一律不允许送礼。虽然有这样的禁令，但犹太人代表团还是进来为国王献礼。然而，人群里有很多人开始抱怨他们，想将他们赶出去。这群人主要是贵族、伯爵、骑士和英格兰的其他权贵们，因为地位不够显赫的人是没资格来参观加冕仪式的。而这些人，对犹太人除了怀有通常的宗教偏见外，还对犹太金融家和放贷人很恼火，因为犹太人向他们借钱没少找麻烦，而且还要求他们偿还很高的利息。一位研究人类感情的专家曾说过，人或多或少都会讨厌自己的债主，这就是为什么朋友之间应该少有金钱瓜葛的原因。

最后，门外面有个犹太人想进来，门边的一个旁观者大声喊道："这里有个犹太人！"而且还出手打了他。这一下子激起了其他人的怒火，他们攻击着这个犹太人，而且推他，想把他赶走。这时人群开始集体抗议犹太人，大厅里的人也跟着反对起来，他们开始殴打犹太人，并将他们赶出来,犹太人走出门来,浑身是伤,这时有谣言说他们是被国王下令赶出来的。这个谣言不胫而走,很快就变成了一个所谓的公告,说是国王下令消灭所有非基督教徒。因此,犹太人一旦上街,被人看到,就会遭到攻击,或是遭棍子打,或是遭石头砸,不被打死,也会被打得头破血流,然后被驱赶回家。

与此同时,国王下令杀了所有犹太人的消息迅速蔓延全城,一到晚上,人们就聚集起来,先杀了所有在街上看到的犹太人,然后围着其他犹太人的房屋,破门而入,最终将他们杀死。有时候,房屋比较牢固,犹太人从里面顶着门,暴徒们没办法进去,就找来可燃物,堆在他们的窗户和门上,然后将房屋全部烧毁,房屋里的男女老少无一幸免。如果屋子里的可怜人有想跳窗而逃的,这些暴徒们就会在窗户下面举起长枪长矛等他们跳下来落到上面。一到晚上,就会有很多这样的大火,照亮了整个天空。而且一度有火势蔓延,酿成大火灾。

随着这样的夜晚慢慢过去,这种狂热变得越来越暴力,最后大街上和犹太人居住的地方都充斥着暴徒的喊声和疯了似的愤怒,还有恐惧不已、快要死去的受难者们的尖叫声,他们被困在噼啪作响的、血红的火焰中。

这时,国王和他的领主、贵族们在威斯敏斯特的大

第五章 理查的加冕大典与犹太人大屠杀

宴会厅寻欢作乐,一度没有留意这些暴乱。他似乎认为这是无关紧要的事。最后到了夜间,他才派了一个军官和几个人来镇压暴乱,但是已经太晚了。暴徒不理会这个军官和几个人组成的军队,还威胁士兵离开,否则就要杀死他们。于是,军官将此事报告了国王,但国王并没派兵镇压,暴乱还在继续,直到第二天凌晨两点左右,因为暴徒们觉得累了,暴乱才逐渐停止。

参与这场暴乱的人中,有几个后来被判入狱,三个人被绞死,但并不是因为他们杀害犹太人,而是因为烧毁了一些基督教建筑。这些建筑被烧全都是意外,要么

威斯敏斯特的大宴会厅

是在混乱中起火,要么是被起火的屋子引燃。这就是对犯下滔天大罪的暴徒们的全部惩罚。但是,为了体现理查的公正,情况肯定会被说成他在暴乱发生后颁布了一项法令,禁止虐杀犹太人。因为他说过,从他加冕的那天起,他将会保护所有的子民,绝不允许有人伤害他们或者霸占他们的财产。就是这场可怕的动乱,让头戴皇冠、身穿英国皇家长袍的理查的加冕礼臭名昭著。

第 六 章

十字军东征前的准备

精彩看点

十字军东征中建功立业的狂热欲望——东征的动机——荒唐的欺骗——准备工作——海军——装备——旧风俗——理查一世不计后果——理查一世出卖土地、卖官鬻爵——假借公正之名进行勒索——指定摄政王——理查一世的摄政王——约翰的默认与服从——出海时间确定——理查一世穿越英吉利海峡——担心背叛——理查一世和腓力二世的盟约——准备工作完成理查继承王位后做的第一件事就是准备十字军东征。领导一次十字军东征，一直以来都是理查一世的远大理想。他受了母亲的影响，犹记得小时候母亲对他说的话，于是他对去圣地建功立业表现出惊人的狂热。正如之前提到的，他的母亲在第一段婚姻期间参加过十字军东征，而且她肯定跟幼年理查讲过很多她在十字军东征期间的故事以及充满传奇色彩的所见所闻。这些故事以及他们之间的谈话，激发了幼年理查的想象力，点燃了他想去同一片热土建功立业的狂热渴望。随着理查逐渐长大成人，他目睹了英勇的十字军战士取得的赫赫战功。于是，这种渴望就变得更加强烈了。除此之外，理查冲动鲁莽，像狮子一样勇猛。这样的性格使他将冒险看作一种游戏，使他渴望去一个遍布敌人的地方作战。这些敌人令基督教国家痛恨至极。他可以揣着一腔怒火大开杀戒，自己不光过了瘾，而且良心不会有任何不安。至少，他的同胞不会谴责他。因为所有的基督教徒都认为，在圣地杀死撒拉逊人是受了上帝的指引，是替天行道。想象一下，为了去圣地祭拜善良、谦逊的耶稣，或者为了得到他墓地的财产，数千人竟去做谋杀、掠夺、破坏的恶事，全然不顾他倡导的和平理念，不顾他仁爱、温和的形象，这是多么荒唐的欺骗啊！

在理查一世看来，为十字军东征做准备，首先要做的就是筹集资金。正如之前已经提到的，如果要像理查一世计划的那样，组建如此宏大的东征，要花很多钱。要建造并装备舰队；要在船上储备军需物资。征兵需要钱，制造武器弹药也需要钱。那时使用的盔甲和武器，尤其是骑士和贵族的盔甲和武器，甚至马衣都昂贵至极。盔甲是用铁精心打造而成的，剑、头盔、圆盾、马衣和骑兵的服装都由工匠手工制作，而且通常还要用五彩缤纷的花纹装饰，镶上贵重的黄金和宝石。今天的人们会用房子及其里面昂贵、华丽的陈设来表现自己的富有，而不会在身上挂坠太多的珠宝，否则会显得很没品位，当然女士除外。然而，理查一世那时情况恰恰相反。骑士和贵族们都住在简陋的石头城堡里，里面昏黄黑暗，气味刺鼻，既没有豪华的家具，也没有舒适的环境，但

两个全副武装的十字军战士

是他们却在铠甲和战马上一掷千金,把它们装饰得极尽奢华,好去战场上耀武扬威。

理查一世心如明镜似的,要想东征,就得花大钱。为了筹集这些钱,他想到一个办法,但这个办法既不计后果,又得不偿失。他的父亲亨利二世施用各种手段,最终获得了英格兰各地许多地产。这时,理查一世将这些王室的地产竞价出售。最后,理查一世把地产卖给了那些出价最高的人。就这样,他卖掉了许多城堡、要塞和镇子。于是,王室财产急剧减少。购买地产的那些人如果钱不够,就向犹太人借。理查一世的一些大臣反对他这种不计后果的政策,但他的回答是,他急着为十字军东征筹钱,如果有必要,他甚至会卖掉伦敦城,就怕没人买得起。

理查一世通过出售王室地产,筹集了不少钱。之后,他又开始卖官鬻爵。他找到英格兰所有的富翁,根据他们出的价格高低分别为他们安排了官职;同时按同样的方法,他卖掉了贵族头衔。如果有的官员不是很富有,却担任了一个重要职位,他就会找借口罢免他,然后将这个职位卖掉。研究这一时期的一位历史学家说,这段时间,理查一世的宴会大厅变成了一个固定的贸易中心,就像是商人或者交易所的账房。王室的任何财产或是贵族头衔都可以公开出售。出价最高者得之。

装备精良的骑兵

理查一世另一个筹钱的方法是让犯人交钱抵罪。当然，这个办法恶劣至极。为了尽量多筹钱，理查一世会找各种莫须有的借口起诉富人，然后强迫他们交一大笔罚金抵罪。据说，一大批政府官员都受到了控诉。他们锒铛入狱，除非交纳3000英镑的罚金，否则就出不了狱。

理查一世同父异母的哥哥杰弗里，也就是罗莎蒙德的儿子，是其中最惨的人之一。根据亨利二世驾崩时的遗嘱，杰弗里应被任命为约克大主教。理查一世找了个借口，说不同意，或许他是想把这个官职也卖了。不管怎样，理查一世声称杰弗里要想平安，就必须交一大笔钱。最后，杰弗里确实交了钱，遂了理查一世的愿。

通过这些和其他类似的方法，理查一世想尽办法在英格兰筹集到了一部分钱。之后，他准备穿越英吉利海峡，去诺曼底看看是否能筹到更多的钱。但出发前，他首先得对英格兰的政事做些安排，最重要的是任命摄政王，在他离开的这段时间，由摄政王治理英格兰。这是君主制国家的惯例。无论何时，不管是因为国王年幼、精神障碍、长期生病还是不在国内，只要国王无法亲政，就必须任命摄政王来替他治理国家。成为摄政王的人通常是与国王有血缘关系的王室人员。理查一世的弟弟约翰希望能当摄政王，可理查一世并不这么想，他要将这

第六章 十字军东征前的准备

个职位也卖了,就像卖其他官职一样,可是约翰没钱。他同样不能任命他的母亲担任摄政王,尽管无论从哪个方面来讲,她都是非常合适的人选。所以理查想了一个折衷的办法。他将摄政王的职位名义上卖给两个有钱的朝臣,让他们一起摄政,其中一个是主教,另一个是伯爵。或许,说他直接把摄政王的职位卖给他们有些言过其实,但他确实任命他们二人共同摄政,而且私底下收了一大笔钱。同时,他指定母亲和约翰有权参与并裁决国家大事。不过,约翰对这种四人共同摄政的局面非常不满,但他仍然千方百计、热情殷切地支持理查一世东征。他的如意算盘是,理查一世一到圣地就战死,那样他就可以称王了。因此,这段时间,谁是摄政王也就无关紧要了。他下定了决心,凡是理查一世的提议,他都不会反对。

理查一世正要准备渡过英吉利海峡去诺曼底,这时法王腓力二世的使者来了,与他商议十字军东征的计划,然后确定出发时间。当时正值晚秋,腓力二世的提议是,明年三月底出发,因为从现在到明年三月天气恶劣。理查一世认为,三月底前出发,他应该有充裕的时间完成准备工作。最后,双方就时间达成一致,并庄严起誓,确保各自做好准备,不得出现闪失。

过了不久,理查一世辞别了朋友们,率领许多伯爵、男爵、骑士和侍从离开了英格兰,穿越英吉利海峡前往诺曼底。这些人将和他一起出征,前往圣地。

离东征的日子越来越近了,理查一世觉得有许多事情要嘱咐和安排。于是,他决定在离开欧洲前再见母亲和约翰一面。他就派人去接约翰和母亲来诺曼底,而且决定在这里召开国事会议。会议召开时,他打算妥善安排国事。当然,还有一件事不得不防,那就是法王腓力二世有可能背叛。当时,基督教世界英勇的国王们彼此都不怎么信任。无论是理查一世,还是腓力二世,也是相互猜忌,怀疑对方是否忠诚。毫无疑问,他们两人都不放心离开自己的领地去东征,除非另一个人也一起去东征。如果一人去,一人留下,那么留下的那个肯定会找借口趁对方不在,入侵并抢夺对方的一部分领地。这也是理查一世与腓力二世同意一起东征的一个原因。现在,为了以防万一,他们正式签署了盟约。他们庄严地起誓,要肝胆相照,坦诚相待;任何情况下,都要维护对方的安全和荣誉,不得置对方于危难而不顾;不得图谋对方的领地,腓力二世要像对待自己的城市巴黎那样正视理查一世的权益,理查一世要像对待自己的城市鲁昂那样正视腓力二世的权益。

奇怪的是,在盟约中,理查一世竟然将鲁昂称作英

理查一世踏上东征之路

格兰的首都，而不是伦敦。这就表明，虽然英格兰和诺曼底都归理查一世统治，但在他看来，诺曼底才是他的权力中心，而伦敦更像是附属的领地。也有可能理查一世认为，里昂离法国更近，腓力二世更了解这座城市。

该协议于二月签署，到了三月，在约定的时间，十字军东征的准备工作基本完成了。

第七章

理查一世率军出发

精彩看点

计划出发——英格兰舰队——法国军队——理查一世的规章——倒沥青和抖羽毛的由来——舰队的长官——舰队遭遇暴风雨走散——延期抵达里斯本——在维泽莱会和——军队的破坏——理查一世先于舰队继续向东行进——在墨西拿会合——乔安娜——理查一世的拜访——理查一世的旅行——奥斯提亚——争吵与反目——理查一世和主教发生口角的原因——那不勒斯和维苏威——地下室——萨勒诺——理查一世前去萨勒诺——舰队——理查一世沿地中海岸行进——理查一世性情粗暴——盗走猎鹰——理查一世逃避农民的追捕——理查一世到了一个小修道院

理查一世计划东征前往圣地，舰队即将出发。他先把舰队派到马赛，并命令舰队在那里等他。马赛位于法国南部，距地中海不远。理查一世大军本来都可以走英吉利海峡，但正如读者们所知道的，这样一来，就意味着要走很长的海路绕过法国和西班牙的海岸，然后穿过直布罗陀海峡。理查一世认为，军队最好能绕过这段弯路，所以就只派他的舰队载少数部队走海路，而他自己则带着陆军经法国走陆路。

腓力二世没有舰队。英格兰是海权国家，长久以来一直拥有舰队。亨利二世在位期间，英格兰舰队迅速扩大。他打造了很多新舰，其中有几艘排水量很大，最初计划专门用于向巴勒斯坦运送军队。亨利二世有生之年没有机会进行东征，现在这支舰队传到了理查一世那里。

然而，法国当时不是海权国家，其北方大部分海港都属于诺曼底,即使是南方一些海港也不属于法国。因此,腓力二世没有自己的舰队,但他已经做出安排,请热那亚共和国提供船只。于是,他决定翻越山岭去热那亚,在那里上船,而理查一世则赶去法国南部的马赛。

理查一世制定了一套详尽的规章来管理舰队,要求舰队严格遵守。下面就是规章的部分内容:

一、如果在港口或者陆地上,有人斗殴杀人,杀人者要和死者绑在一起活埋;要是在船上,那么绑在一起扔进大海。

二、如果有人行凶伤人,行凶者就要被倒

早期的马赛港

着吊到船桁顶端，然后整个头部在海里淹三次，以示惩罚。

三、如果有人说了亵渎或侮辱神灵的话，那就每次罚款一盎司银币。

四、如果有人行窃，行窃者的头发要被剃光，头上要倒上滚烫的沥青，然后粘上絮在枕头里或者棉垫里的羽毛。就近靠岸停船，将行窃者扔到岸上。行窃者是死是活，听天由命。

最后这条使用沥青和羽毛惩罚犯人的刑罚是理查一世首创，也就是说，这种残忍的刑罚始于理查一世。

理查一世任命三位威望素著的军官指挥舰队，并且命令所有的海军士兵严格服从他们三人的一切命令，就像国王在船上时服从国王的命令一样。

前往马赛港的途中，舰队遇到了种种危险。舰队出发没多久，就遇到了大风暴，整个舰队被冲散。最终，舰队损失惨重，但大部分成功驶入塔霍河，向里斯本求助。此时，摩尔人经非洲北部入侵葡萄牙，葡萄牙国王桑乔一世正在跟摩尔人作战。于是，他建议舰队的十字军战士稍停几天，帮他打摩尔人。他说："他们都是勇猛的异教徒，和你们去圣城攻打的敌人是一样的。"舰

理查一世乘船出发

葡萄牙国王桑乔一世

队指挥官同意了他的建议，但士兵们上岸后，很快就使里斯本发生了骚乱。他们跟当地民众多次斗殴，场面血腥，因此，没过多久，葡萄牙国王就急着打发他们走。最后，他们找了个合适的时机，重新启程，继续航行。

舰队在海上航行的同时，理查一世和腓力二世正在练兵，为陆战做准备。两国军队训练完毕后，来到约定好的韦兹莱会合，这里地势平坦开阔，适合大军露营。去里昂要经过韦兹莱，两军在这里会合后，一起开赴里昂。据说，此次两国军队加起来约有 100 万人，这在当时算是相当庞大的一支军队。军队所面临的最大困难是，将士们每天都要自己寻找粮草。这样庞大的一支军队要想生存，就不可能依靠长途运来的补给，而是走到哪里吃到哪里。

在徐徐进军的途中，英法联军吃光了所经国家百姓的粮食。于是，这些国家变得一贫如洗。联军共同前进一段时间后，来到了一个岔路口，腓力二世率部拐弯去了左边，想穿过阿尔卑斯山口，前往热那亚共和国；理查一世则率部向南挺进马赛港。

到达马赛港后，理查一世发现他的舰队还没有到。上文已经讲到，舰队遇到了风暴，风暴过后又在里斯本逗留了几天。于是，舰队的行程延误了。最后，舰队到

第七章 理查一世率军出发

达的时间比原来约定的时间晚了很久。大军原定于3月底出发，但那时腓力二世无法出征，一方面因为适逢他的王后艾诺的伊莎贝拉薨逝，另一方面因为理查一世也没有准备好。

理查一世看到舰队还没到达，十分失望。那时既没有邮局，也没有遍布全国各地通信设施，所以他无法获得舰队的消息，不知道舰队何时能到。

理查一世耐心地等了8天，然后决定率领大军向东方前进。临走前他留下命令，要求舰队随后跟上他。他雇了10艘巨大的战舰和20艘马赛港商人的平底船，让一部分将士登船，令剩下的将士等待舰队到达后，一起赶往西西里岛的墨西拿，他会在那里跟他们会合。

艾诺的伊莎贝拉

理查一世

理查一世乘着雇来的战舰，沿着海岸行进，前往热那亚。他在那里看到了法王腓力二世，他早就经陆路安全到达了。

从马赛港出发，沿着法国海岸向东北航行，就可到达热那亚，然后沿着意大利海岸，向东南方向前进，就可到达墨西拿。在任意一幅现代欧洲的地图上，这条航线都可以轻易找到。理查一世之所以要在墨西拿集结军队，原因有二：第一，墨西拿是个港口城市，拥有优良的海湾，地处整条航线的中间位置，有利于会师；第二，理查一世的妹妹乔安娜是西西里王国威廉二世的王后。

理查一世（右）与乔安娜（中）、腓力二世（左）

第七章 理查一世率军出发

威廉二世已经驾崩了,那时她已经退出了政治舞台,生活也过得有些窘迫,因为王位已经被一个叫坦克雷德的人夺走了。坦克雷德是她的敌人,而且她坚持认为他不是丈夫王位的合法继承人。所以理查一世决定停在墨西拿,调查这件事,并帮妹妹恢复失去的地位。或者说得更确切一点,他认为这件事为他提供了一个有利的机会来干涉西西里王国的内政,而且还可以继续在这里嚣张跋扈地逞威风。

坦克雷德(左)与腓力二世(右)

理查一世

在热那亚待了片刻后,理查一世乘着一艘小型战舰再次起航,沿意大利海岸向南前进。他中途几次靠岸,去参观著名的城市及其名胜古迹。理查一世乘船向亚诺河上游而去。亚诺河最终注入了意大利西北的热那亚湾。亚诺河周边分布着两座著名的城市——佛罗伦萨和比萨,时至今日,还有很多游客去参观。比萨在亚诺河口附近,而内陆的佛罗伦萨则离河较远。

理查一世溯流而上,一直到比萨。参观完比萨后,他又返回河口,沿着意大利海岸南下,最后驶入台伯河,

早期的热那亚

第七章 理查一世率军出发

并在奥斯蒂亚靠岸。奥斯蒂亚是台伯河口附近的一个小港口，属于罗马。他选择在奥斯蒂亚靠岸的一个理由是，他行军用的平底船需要维修，而这里正好方便维修。其实，他很有可能是为了参观罗马才停靠在这里的。不过，理查一世在奥斯蒂亚跟这里的大主教发生了争吵，然后就突然离开了，而且也不去罗马了。争吵的原因是大主教要求他归还欠罗马教皇的一部分钱。当时，欧洲所有的天主教国家都要向罗马教皇缴纳一定的税费，这是罗马教廷财政收入的重要来源。理查一世从英格兰得到的钱全花在十字军东征上了，同时还占用了应该付给教皇的钱。现在主教要求他偿还，这使理查一世非常生气，但这倒是预料中的结果。

理查一世粗暴地抨击、侮辱主教，指控罗马教廷的腐败和罪过。这些指控可能是真的，但他不应该在这个节骨眼儿上指控，因为对方正要求他偿还债务。理查一世很生气，战舰一修好，就乘船离开了。接下来他停靠的地点是那不勒斯。

到了那不勒斯后，理查一世很高兴。这里靠近维苏威火山，拥有迷人的海湾。因为环境优美，所以那不勒斯久负盛名。理查一世在这里待了几天。他来这里还有个原因——去当地教堂的地下室做祷告。地下室是教堂里一个隐秘的地方。它上面是地板，还有教堂的柱子和墙面。实际上，地下室就是墓穴。理查一世在那不勒斯做祷告的墓穴，墙壁上排满了盛放尸体的壁龛。尸体被制成木乃伊，穿着衣服，打扮成在世时的样子；脸是露出来的，表情恐怖诡异。中世纪时，为了将宗教刻在人们的思想深处，教堂经常采用上面的手段。

在那不勒斯待了几天后，理查一世决定继续赶路，但是他没有选择乘船走海路，而是选择走山路去萨勒诺。萨勒诺是海滨城市，在那不勒斯南边，两地相距不算太近。那不勒斯下方有一个大海岬伸入海洋，它的南面形成了萨勒诺海湾。理查一世沿着山路前进，穿过山口就到了海岬的最窄处。同时他命舰队前进。之前很多十字军战士以及诺曼人都在这里登陆，并在这里修建了许多教堂、修道院和学习场所，这深深地吸引了理查一世。

理查一世在萨勒诺一直待到他的舰队从那不勒斯驶来。走陆路可以欣赏风景，这使他身心愉悦，所以他决定继续走陆路，同时让舰队沿着海岸航行。舰队一路上尽量靠近海岸。于是，理查一世就由一小队士兵护卫着，骑着马继续赶路，有时进了深山，有时来到海岸附近。有些路特别靠近悬崖。站在悬崖上，整个大海的美景尽收眼底，海面上浩浩荡荡地前进的舰队一览无余。

第七章 理查一世率军出发

最后,理查一世来到意大利南部的卡拉布利亚。这里的路况非常糟糕,当时正值秋季,经常下雨,致使洪水泛滥。有时,理查一世甚至无法赶路。途中,理查一世跟一群农民起了冲突。他这样做十分丢脸,他粗鲁残暴的性格暴露无遗。事情是这样的,他带着一名侍卫顺着一条乡村小路前进,恰巧经过一个村庄,这时有人告诉他这里有个农民养了一只凶猛的猎鹰。当时,用猎鹰打猎是骑士和贵族酷爱的娱乐活动。理查一世听到这个消息后,说一个农民没有资格养这样凶猛的猎鹰,于是宣布他要去这个农民家,把猎鹰带走。理查一世一向专横嚣张,鲁莽残暴,这是众所周知的。这件事表明,理查一世虽然贵为一国之主,但他没有一点儿王室的高贵与慷慨。他为了一只猎鹰,竟然去抢劫一个贫穷的农民。这真的是太卑劣了,很难相信一位国王会做出这种事。

理查一世立刻采取行动。他去了农民家里,找了一些借口,将农民的猎鹰据为己有。之后,他准备骑上战马带着猎鹰离开。农民请求他把猎鹰归还,但理查一世根本不理他,骑马离开了。于是农民开始呼救,其他村民纷纷来助,他们随手拿起一件武器,跟着理查一世,最后包围了国王,想把猎鹰带走。理查一世企图用他的佩剑将他们击退。很快,他在刺一个农民的时候,弄坏了自己的佩剑。现在他几乎无法自卫，要想活命只能逃跑。他设法突破了农民的包围，然后疾驰而去，他的仆人就跟在后面。最后，他逃到了一个修道院。修道院迎接了他，并为他提供保护，以免他再遇到危险。在前面的打斗中，理查一世也失去了猎鹰。事情稍稍平息后，他继续赶路，途中没有再去冒险。最终，他来到最接近西西里岛的海岸。他在岸边的岩石上搭了一个帐篷，在里面过了一夜。第二天，他将进入墨西拿。墨西拿就在他的对面，只隔着眼前这个狭窄的海峡，正是这个海峡将西西里岛与意大利半岛隔开。

第八章

理查一世率军蹂躏墨西拿

精彩看点

凯旋进入墨西拿——西西里人嫉妒——法国人羡慕——理查一世和腓力二世在西西里——冬天来了——坦克雷德——西西里的威廉二世——康斯坦茨公主——乔安娜——蒙特加罗海岬——庄园——坦克雷德掌权——为战争找的合理借口——理查一世的要求——坦克雷德的回复——报复——修筑修道院的防御工事——士兵们惹麻烦——军队在墨西拿引起骚乱——和谈破裂——理查一世失控——进攻墨西拿——腓力二世和理查一世争辩——理查一世和坦克雷德妥协——理查一世要求坦克雷德捐赠——最后的和解条件——理查一世和坦克雷德结盟——理查一世奢侈浪费——春天将至——修缮舰队——攻城锤——现代军械——古代的战争手段——弩炮——弩车

尽管理查一世几乎子身一人，并且是在不光彩的情况下——因为卑鄙的抢劫行为，所以他激怒了一群农民，最终仓皇而逃——来到了墨西拿对面的意大利海岸，但最后还是大摇大摆地进了当地的镇子。上岸后，他待在海峡的意大利这边，然后派人去墨西拿，把他的位置告诉了他的舰队指挥官们。这时，他的舰队已经到墨西拿了。接着，整个舰队立刻起航，赶到意大利这边，接理查一世上船，护送他离开。理查一世率领舰队前往墨西拿，风光得犹如凯旋而归。各种舰船设施齐全，装饰精美。当舰队沿岸航行时，当舰队进入墨西拿港时，理查一世让许多乐师来到甲板上，吹起喇叭和号角。整个空中充斥着喇叭和号角的回声，响彻了整个西西里岛。当看见一群这么强大的外国士兵向他们走来时，西西里岛人不由得惊恐万分。就连他们的法国盟友也高兴不起来了。法王腓力二世既嫉妒理查一世比自己更强大的实力，也警惕理查一世傲慢而自大的行为。虽然腓力二世已经到墨西拿有段时间了，但他的舰队——由在热那亚租的船构成，战斗力不强——在来的途中受到风暴重创，所以到墨西拿时已经残破不堪了。现在，看着理查一世率领实力强大的舰队浩浩荡荡地到来，他变得焦虑起来。他的大军同样变得焦虑，这样一来，稍一不慎，两军就会公开反目。

腓力二世心想："如果我和理查都在墨西拿久待，那结果就难料了。所以我还是尽快离开这里吧！"

腓力二世这么快就决定起航，其实还有一个至关重要的原因，那就是墨西拿解决不了大军的给养问题，于是减少在墨西拿的驻军数量就成为当务之急。因此，舰队经过匆匆修补后，就驶离了墨西拿。然而，这次他的运气还是很背——又遇到了风暴。他被迫返回墨西拿。再次出发的准备还没有做好，冬天就来了，他只得打消离开墨西拿的念头，等待春天到来。

遇到风暴这种困难，理查一世与腓力二世早就预见到了，并想到了避开风暴的办法，那就是3月就分别从英格兰和法国动身，这是因为在他们那个时代，在地中海上安全航行最早的月份可能就是3月。读者应该能想

墨西拿港全景

起来，于3月动身的计划因腓力二世王后之死而耽误了，接着，这事那事接踵而至，计划耽搁得也就更久了，最后一直过了夏至，计划才正式落实。他们虽然仍然盼着在冬季来临前到达圣地，但现在还是停在了半路上。腓力二世忧心忡忡，打算尽快安排妥当，让大军进入冬季宿营地过冬。

理查一世也好不到哪里去，像腓力二世与法军一样陷入了困境。更有甚者，他还蓄意与西西里国王吵了起来，这位国王就是坦克雷德。

当时，西西里王国由两部分构成，一是西西里岛，二是意大利南部。许多年前，理查一世的妹妹乔安娜就嫁给了先国王威廉二世。威廉二世驾崩后，坦克雷德继位，但他不是合法继承人。读者要想搞清楚理查一世与坦克雷德争吵的真相，需要弄明白坦克雷德是如何继位的。

如果乔安娜的丈夫威廉二世有儿子，那他的儿子就是合法的继承人，但他没有儿子。威廉二世驾崩前，他已经不再指望某个王妃给他生下儿子，于是就开始在王室中挑选继承人。

最后，威廉二世的目光锁定在康斯坦茨公主身上。她是威廉二世的堂妹，也是与他血缘最近的人。然而，根据西西里王国的传统，女人是不能继承王位的。威廉

第八章 理查一世率军蹂躏墨西拿

二世还有一个亲戚,是一个名叫坦克雷德的年轻人。由于某些原因,威廉二世不太愿意让坦克雷德继位,但他心里明镜似的,就是因为康斯坦茨公主是女人,所以臣民们一方面会强烈反对她继位,另一方面会坚决拥护坦克雷德继位。威廉二世心想,如果让康斯坦茨公主嫁给

理查一世的妹夫威廉二世(右)

一个强国的王子，或许某种程度上就会堵住臣民们的嘴。最后这件事还真让他做成了，他选定的王子名叫亨利，是神圣罗马帝国皇帝腓特烈一世之子。

康斯坦茨公主婚后离开了西西里，与她的丈夫一起回了神圣罗马帝国。不久，威廉二世把贵族们召集到一起，让他们宣誓效忠康斯坦茨公主和亨利，并在他驾崩后拥护他们为王位的合法继承人。万事都安排妥当后，他就准备在首都巴勒莫，与妻子静静地过完最后的日子。

康斯坦茨公主

第八章 理查一世率军蹂躏墨西拿

康斯坦茨公主的丈夫亨利王子

与乔安娜结婚时,威廉二世曾送给她一大片封地作彩礼,封地中有好几处物产丰饶的庄园。这些庄园连成一片,并把蒙特加罗海岬包了进去。在任何一幅意大利的地图上,你都能看到这个海岬,它差不多就在那不勒斯对面。这片封地极其广袤,除了这些庄园外,里面还有几处城堡以及两处修道院。城堡四周点缀着若干个湖泊,生长着几片森林;修道院四周,牧场青青,树木葱葱,葡萄园郁郁，更有几个湖泊，真是美不胜收。这些庄园及其收入永归乔安娜所有。

王位传承一事安排妥当后不久，威廉二世就驾崩了。当时，康斯坦茨公主不在西西里，而是与丈夫在神圣罗马帝国。很快，一大批王位竞争者冒了出来，纷纷宣称拥有继位权，其中就有坦克雷德。经过激烈的政治斗争，坦克雷德打败了所有的对手，最终登上了王位。他视先王的遗孀乔安娜为敌。对于她的庄园，一部分被他没收，另一部分被别人抢走了。后来，他带着乔安娜去了巴勒莫，正如理查一世所料，她被关进了监狱。以上这些事情发生在理查一世抵达墨西拿几个月前。

从西西里岛的地图上可以看到，巴勒莫位于西西里岛的西北角，而墨西拿位于其东北角。当理查一世在西西里岛登陆时，他就听说自己的妹妹，也就是西西里国王威廉二世的遗孀，身陷囹圄，庄园也被没收了，而登上王位的这个人，在理查一世看来，却是篡位者。西西里的政局让查理一世获得了干涉西西里内政的机会。

理查一世的大军登陆后，就在墨西拿城外的海岸附近安营扎寨。墨西拿城的郊区有两处高地，一处成了理查一世大营的所在地，另一处在理查一世大营的旁边，那里有一所修道院。理查一世安顿好后，就立刻派代表团去巴勒莫谒见坦克雷德，要求他释放乔安娜，并把她送过来。坦克雷德否认把乔安娜关进了监狱，但他还是立即答应了理查一世的要求：将乔安娜送到理查一世那里。坦克雷德有许多艘御舟，他拿出一艘让乔安娜乘坐，同时命令自己的卫队护送她前往墨西拿，到那儿后，把她交给理查一世。理查一世还要求坦克雷德归还乔安娜的封地。坦克雷德对此做了一些解释，但理查一世听不进去。他对妹妹乔安娜说："这个问题不容讨论，我们要去夺回那片封地。"

于是，理查一世率领部分军队坐船渡过墨西拿海峡，在意大利这边的海岸登陆，然后占领了一座城堡及其周围地区。接着，他命一支劲旅驻守城堡，并让乔安娜负责指挥，而他自己则回了墨西拿，以便加强他在那里的军事实力。他觉得，如果占领大营旁边的修道院，那么就可以将修道院建成坚固的要塞；再经过苦心经营，到时候就算坦克雷德来袭，他的大营也会稳若泰山。于是，他立刻占领了修道院，接着赶走了所有的修士，搬走了所有的宗教器皿。最后，他把修道院改建成了要塞。他让士兵们进入要塞，负责守卫，同时在修士们学习和祷告的房间里放满了武器、弹药和军械。理查一世的目的是准备对付坦克雷德，如果坦克雷德胆敢偷袭，就好好教训他一下。

没过多久,理查一世和腓力二世的士兵们和墨西拿人起了激烈的争执。在大营附近的镇子,当地的百姓与士兵们摩擦不断。士兵们野蛮残忍,除了他们的长官,他们谁都不怕;他们经常残害手无寸铁的百姓。尽管百姓们通常会忍气吞声,但有时物极必反,他们会愤而反抗。理查一世在墨西拿的军队对当地百姓施虐,尤其是强奸妇女的行为,让她们的父亲、丈夫们愤怒至极,忍无可忍。一次,士兵们在街上遭到了攻击,其中几个被杀了,其余的仓皇而逃。一群百姓一直追到大营才罢休。逃回大营的士兵狼狈不堪,恼羞成怒,号召别的士兵与他们一起去复仇,结果严重的骚乱爆发了。这群狂怒的士兵匆忙集结起来,向墨西拿城冲去。他们挥舞着武器,愤怒地咆哮着,发誓攻破城门,然后屠城。理查一世一获悉此事,就立刻骑马向城门赶去,打算阻止士兵们,并带他们回去。但士兵们太愤怒了,一时之间都不听他的号令了,而是继续做他们的。理查一世见状,就催马进入士兵中间,然后用皮鞭狠抽士兵们,终于让他们冷静了下来。最后,士兵们回了大营。

第二天,讨论如何善后、防止旧事重演的会议召开了,与会的有英法两军的指挥官、墨西拿的官员以及当地的长者。然而,与会双方情绪激动,根本谈不拢。会

第八章 理查一世率军蹂躏墨西拿

议进行期间，一群百姓聚集在一处比会场地势略高的山丘上，说他们只是来旁观的，但理查一世却说他们阴谋袭击会场。百姓们一听就火了，竟然摆出进攻的态势。几个靠近这群百姓的诺曼士兵跟他们吵了起来，最后有个诺曼士兵被杀了，其余的士兵大呼："抄家伙！"就这样，会议在混乱中结束了。理查一世回到大营，不胜其怒，召集部下。虽然腓力二世竭力想缓和矛盾、阻止战争，可他发现理查一世根本不肯听他的，气得他当众说他恨不得去帮西西里人打理查一世。他当然不会真的这么做，而是想尽一切办法来平复理查一世的盛怒。然而，理查一世已经失控了，率军直奔那群百姓聚集的山丘。理查一世挥军猛攻。尽管百姓们也是全副武装，但终究是一群乌合之众，哪里挡得住正规军的猛攻！他们如作鸟兽散，向墨西拿逃去。理查一世率大军穷追不舍，逢人便杀。最后百姓们逃进了城里，关上了城门。现在墨西拿上下人心惶惶，凡是能战斗的人，有的上了城墙，有的去了城门，以防理查一世的军队来犯。

大军经过短暂休整后，力量变得更强大了，开始猛攻墨西拿。镖、箭从城墙上投射下来，理查一世的几名指挥官和一些士兵死于流矢，但最终，英军登上了城墙，攻克了城门。接着，理查一世率领大军进城了。等到全城的人都被制服后，理查一世就把旗帜悬挂在塔楼上，这就意味着，坦克雷德的这座城市正式被他完全占领了。

腓力二世对此表示强烈抗议，但理查一世说，现在他已经占领了墨西拿，如果坦克雷德无法妥善解决他妹妹乔安娜的问题，那他就会一直占着。腓力二世坚持说，理查一世不应该这样做，甚至威胁道，如果他不撤离墨西拿，就和他解除盟约。最后，理查一世妥协了，同意降旗、撤军，而墨西拿暂由几个他和腓力二世共同指定的骑士管理。

墨西拿事件稍稍降温后，理查一世和腓力二世开始意识到，他们吵架有多不明智。他们共同的事业是那么伟大，那么危险，如果失去了团结，根本就不可能成功。于是他们选择了和解，至少表面上看起来是和解了。他们宣了新誓，保证今后不再生嫌隙。

不过，理查一世最终并未理会什么抗议，依然用最野蛮的姿态，骑在西西里人头上作威作福。墨西拿的一些贵族义愤填膺，纷纷离开这里，而理查一世立即没收并变卖了他们的庄园，卖回的钱都据为己有。理查一世不断加固军营：从修士那里抢来的修道院已经被修成了城堡，城墙上建起了碉堡，环城的护城河也挖好了。此外，他在一处可以俯瞰全城的山丘上另建了一个城堡。

总之，理查一世现在做起事来，俨然成了西西里国王。而且不管做什么，他都不和腓力二世商量，也从不搭理腓力二世时不时的抗议。腓力二世虽然气愤至极，但不知如何是好。

这时，坦克雷德慌了。他想知道，理查一世为了自己的妹妹乔安娜，到底有什么要求。理查一世说考虑后答复他。没过多久，他就把自己的要求和盘托出了：坦克雷德必须把属于乔安娜的封地悉数归还，但这次领地的范围由他来定；坦克雷德还要送给乔安娜"一把金椅，一张长12英尺、宽1.5英尺半的金桌子，两副规格相同的金支架，4个银杯以及4个银盘。他说，根据西西里王国的习俗，乔安娜应该拥有这些东西。最后，他要求坦克雷德向十字军捐赠大批军需物资。据说，乔安娜的丈夫威廉二世在世时，正赶上理查一世的父亲——亨利二世计划率十字军东征，就答应向十字军捐赠大批军需物资——至少理查一世说威廉二世当时这么说过。下面这些就是威廉二世答应要捐赠的军需物资：6万芒特小麦；6万芒特大麦；一支舰队，共有战舰1000艘，同时为舰队供应两年的军需物资；一顶能够宴请200个骑士的大帐。

这些数据说明，在那个时代，发动一场攻打圣地的远征，规模到底有多大！而上面列出来的这些，只不过是支持远征的各国全部捐赠的冰山一角。

理查一世的父亲还没来得及东征就去世了。理查一世坚持认为作为儿子，同时也是亨利家族的代表和继承人，他正在继续父亲的东征大业，如此一来，他有权继承父亲的遗产，所以就要求坦克雷德履行捐赠诺言。

西西里国王坦克雷德

第八章 理查一世率军蹂躏墨西拿

经过多轮谈判，理查一世放弃了这些捐赠要求，提出了新的解决办法，争吵这才结束。理查一世有一个侄子叫亚瑟，年仅两岁，尚幼，由于理查一世没有子嗣，亚瑟是他的假定继承人。坦克雷德有一女，还是襁褓小儿。如果让这两个孩子订婚，坦克雷德就需向理查一世支付2万金币做女儿的嫁妆！当然，理查一世作为侄子的监护人，这笔钱将归他所有。他也保证如果今后有什么事情阻碍了两人的婚事，会将这笔钱退回。此外，坦克雷德还需另外支付理查一世2万金币，将乔安娜的赔偿款全部偿清。双方最终同意了这些条款。

理查一世还和坦克雷德结盟，这样做既给坦克雷德施压也为自己谋利。理查一世答应协助坦克雷德对付他所有的敌人，保住他西西里国王的王位。这非常重要，因为坦克雷德最为主要的敌人就是神圣罗马帝国皇帝亨利六世，就是娶了康斯坦茨公主的那个王子，之前已有所提及。亨利六世称，先王威廉二世，也就是乔安娜的丈夫，根据他的遗嘱，西西里应该是康斯坦茨公主的遗产。坦克雷德是篡位者。理查一世现在已经和坦克雷德结盟，所以就成了亨利六世的敌人。后来，他和亨利六世的关系十分紧张，我们在之后的事件中会进行讲解。

理查一世和坦克雷德很快起草了正式协议，并按时遵照执行。为了安全起见，协议被送到罗马教皇西莱斯廷三世那里，让其代为保管。坦克雷德向理查一世支付了2万金币。理查一世拿到钱后很快就开始肆意挥霍。他作为亚瑟的监护人，代为保管年幼的公主的嫁妆，但他却像花自己的钱那样花光了那笔钱。实际上，当时，国王们为了筹钱，这样的做法十分常见。如果这些国王有儿子或继承人，不管年龄有多小，他们都会让儿子或继承人与其他君主未成年的女儿订婚，只要自己能得到对方给女儿的嫁妆——城市、城堡、领地或是一大笔钱。当然，原本他们是作为年幼王子的监护人代为管理这些嫁妆，直到王子长大成人并结婚。但事实上，他们会把这些财产据为己有，立即为己所用。

理查一世年幼时就是以这样的方式与当时在位的法王之女、腓力二世的姐姐爱丽丝订婚的。他的父亲亨利二世获得并挪用了爱丽丝的嫁妆。

实际上，在这件事当中，坦克雷德支付的这些钱都以托管的形式给了理查一世，至少应该被认为是托管。这些钱一部分本该是亚瑟的，另一部分本该是乔安娜的，因为理查一世以他自己的名义是没有资格向坦克雷德索要任何东西的；但钱一落到他手里，他很快就挥霍光了。他过着非常奢侈的生活。他买了昂贵的礼物送给自己军

亨利六世拜见罗马教皇西莱斯廷三世

中的男爵、骑士和军官,也送给法军中的男爵、骑士和军官,甚至举行盛大的宴会招待他们。腓力二世觉得理查一世这样做一方面是为了笼络人心,一方面引诱法军中的骑士和贵族,促使他们不再对自己——他们合法的君主效忠。圣诞节到了,理查一世举办了盛大的宴会,邀请英法两军所有的骑士参加。宴会结束时,他还给宾客们送钱。宾客的地位有高有低,收到的钱也有多有少。

这样一来,理查一世终于解决了矛盾,在西西里站稳了脚跟,开始为来年春天率军远征圣地做准备了。他下令认真检查、修缮战舰。有的战舰在马赛遭遇风暴时或在海上遭遇意外时受损严重,有的战舰因为停泊在港口遭虫蛀而漏水。理查一世还令士兵们从恩特拿山运来原木,然后生产了许多攻城锤。这些攻城锤在攻击圣地城市和要塞的城墙时将发挥作用。

在现代,进攻城墙常常会用到迫击炮和加农炮。大炮可以把极重的炮弹打到两三英里远的地方。当炮弹短时间内以这么大的力量炸到要塞的城墙时,无论城墙有多坚固、多厚,都会被摧毁。不过,理查一世那个时代几乎没有热兵器,进攻城墙主要还是靠攻城锤,攻城锤上有一根很重的木头,用绳子或铁链将其挂在一个大支架上,然后晃动木头,撞击想要攻破的城门或城墙。你可以在版画上看到攻城锤挂在支架上，士兵们在下面推动它冲击大门。

有时，攻城锤又粗又重，撞击城墙时士兵们要借助绳索来回晃动它。据记载，有的攻城锤重达四五十吨，要想用它来撞击城墙，得 1500 人才行。当然，正如你在版画中看到的，操作攻城锤的士兵是完全暴露的，而敌人

古代战争利用攻城锤破城的场景

会在墙头往下射箭，抛掷长矛、标枪、石头和其他重物。

使用攻城锤撞击城墙非常有效，但攻击人不行。因此，那个时代除了攻城锤以外，还有其他用来扔石头或射箭的军械，而这类军械就是用来攻击人的。这类军械有各种各样的名号，有的叫石弩，有的叫弩炮，有的叫弩车，不一而足。

有的军械是用来抛石头，有的军械用来射箭。它们离不开用上好的木材制成的承重框架。理查一世不指望在圣地找到上好的木材，他也不想在抵达圣地后浪费时间再去制造军械。因此，他利用冬天的时间制造了一大批军械，分解打包，装在战舰上。

在西西里的这个冬天，理查一世还举行了盛大的宗教仪式。他认为，这是为远征所要进行的准备工作之一。就算是一群武装海盗，当他们决定去烧杀抢掠时，在出发前也会举行隆重的宗教仪式。其实，宗教仪式有助于士兵们做好战斗的思想准备，坚定他们战斗的决心，鼓舞他们战斗的信心。亚历山大大帝如此，薛西斯大帝如此，大流士大帝如此，皮洛士国王如此，其实现在也如此，在所有的战争中，双方都宣称奉上帝的旨意，在各自的教堂里吟唱赞美诗，而且无论哪一方获胜，都会装作对上帝充满感激。

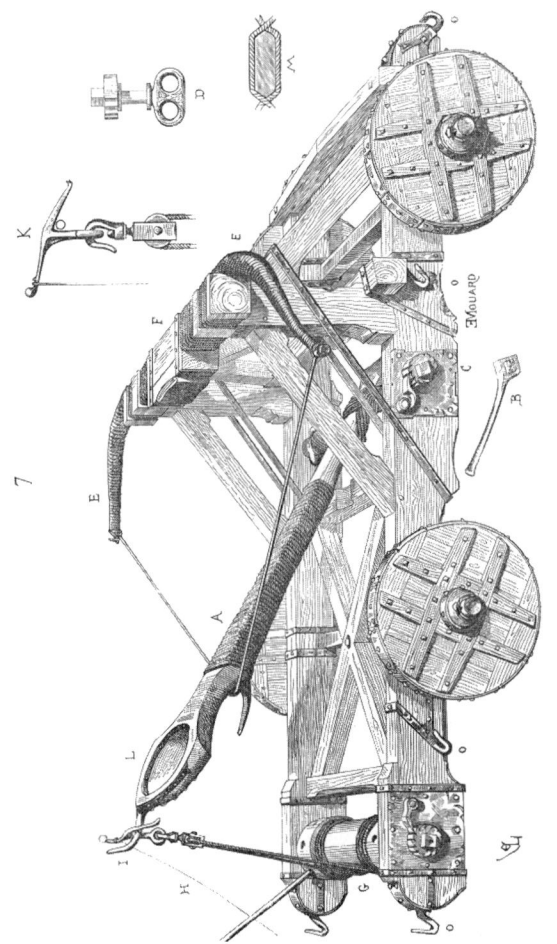

古代攻城用的弩炮，主要作用是杀伤敌方城头或纵深的部队

理查一世召集军中所有高级神职人员，举行盛大集会和庄严的礼拜仪式。其中一个环节是理查一世亲自跪在牧师们面前，忏悔他的罪行和不道德的私生活，然后激昂地许诺改过从新。牧师们让他忏悔，他就忏悔。之后，理查一世获得了宽恕和赦免。庄严的宗教仪式结束了。与之前相比，出征圣地的士兵觉得更无惧了，更有信心了。

很难确定理查一世的所作所为是虚伪还是发自内心的。人的内心就好比一座有好多房间的大厦。人的宗教情感在很大程度上是认真的、真诚的，尽管有时是虚无的、错误的，但还是以绝对优势占据着这座大厦的许多房间，而其他房间则充满了诱人的连绵不断的罪恶，无论是哪种罪恶，都深深地影响了人的行为。

第九章

纳瓦拉公主贝莲加

精彩看点

理查与爱丽丝的婚姻障碍重重——理查与贝莲加公主初次见面——贝莲加的才艺双绝——埃莉诺王后前去向智者桑丘提亲——贝莲加接受提亲——贝莲加与乔安娜在布林迪西——贝莲加与乔安娜的友谊——坦克雷德收到腓力二世的一封信——理查一世对信的看法——决斗的风俗——理查一世因信指责腓力二世——腓力二世的反应——理查一世和腓力二世达成和解——再次登船出征——筹备婚礼——婚礼推迟的原因——骑士们发誓攻打阿克城——理查一世送给坦克雷德的礼物

理查一世在西西里度过了一个难忘的冬天。在那里，他与纳瓦拉公主贝莲加有了新的婚约。这次婚约的情形有些特别。

读者们应该记得，理查小时候与法国未成年的公主爱丽丝有过婚约。他的父亲亨利二世为他订下了这貌似无足轻重的婚约，目的是化解与法王路易七世的矛盾。此外，他还想将这位年轻公主的嫁妆据为己有。爱丽丝的嫁妆包括各种城堡和庄园，这些很快就落到亨利二世手中。亨利二世只要活着，就会一直占有这些城堡和庄园，而且它们所产生的租金或税收也会一直供他挥霍。后来，理查到娶妻的年龄了，但亨利二世却阻挠他与爱丽丝完婚。就这样，父子反目，矛盾尖锐，这些内容在前面已经讲过。很多人猜测，亨利二世可能已经爱上爱丽丝了，所以他下定决心不让理查娶她。理查愿意相信或者假装相信这才是实情。他非常愤怒。他认为,既然父亲这样对待他,那么他发动针对父亲的战争和叛乱就是合情合理的。此外,很多人认为理查根本就不想娶爱丽丝,他只是想找个理由,把他大逆不道的责任推到他父亲身上而已,这个理由恰恰就是父亲阻挠他和爱丽丝公主完婚。

亨利二世驾崩后,虽然再也没有什么可以阻挡他娶爱丽丝了,但他仍然没有娶爱丽丝的意思。这时,爱丽丝的父亲路易七世也驾崩了。现在的法王腓力二世既是理查一世的盟友,也是爱丽丝的弟弟。腓力二世不时催理查一世完婚,但理查一世总是找各种理由一拖再拖。随着理查一世远征圣地,婚事就此搁置。

现在,理查一世之所以不愿娶爱丽丝,是因为在父亲阻挠爱丽丝嫁给他那些年认识并爱上了一位公主,她就是纳瓦拉的贝莲加。几年前,理查与贝莲加初相识。当时他的父亲尚在人世,他和母亲正在阿基坦。纳瓦拉举办了一场盛大的赛事,理查也来参加了,并第一次见到贝莲加。那是他和贝莲加第一次见面。虽然他们两家是旧相识,但在这场赛事举办前理查从未见过贝莲加。不过,理查打小就跟贝莲加的一位兄弟很熟,而且他们的友谊非常深厚。贝莲加之父是纳瓦拉国王智者桑丘。

纳瓦拉的贝莲加

智者桑丘是理查之母埃莉诺的老友。上面讲过,埃莉诺和他的丈夫关系不睦、争吵不断。多年以来,智者桑丘对她帮助甚多。尽管如此,在贝莲加长大成人前,理查与她素未谋面。

据说,贝莲加才貌双绝,所以理查很想见她。她擅音乐,长于赋诗,而理查一向酷爱这些艺术,尤其是行

纳瓦拉国王智者桑丘

第九章 纳瓦拉公主贝莲加

吟诗人的吟唱。在理查一世那个时代,只要举办宴会或赛事,就少不了行吟诗人的表演,这是娱乐活动非常重要的环节。

理查对贝莲加一见倾心。但他与爱丽丝已经有婚约在先,所以他不能娶贝莲加。如果他抛弃爱丽丝,与贝莲加订婚,那么他和他的母亲以及贝莲加的整个家族,将与法王和自己的父亲爆发激烈的冲突,而法王正是爱丽丝的父亲。当时,他不过是一位王子,受到父亲的控制,所以承受不起可想而知的严重后果。因此,他虽然暗地里苦恋贝莲加,但不敢公开自己的念想。不过,他彻底打消了娶爱丽丝的念头。

最后,他的父亲亨利二世驾崩了,他登基成为英格兰国王。现在,他已经大权在握了,能为自己的婚姻做主了。这时,爱丽丝的父亲路易七世也驾崩了,现在的法王是他的弟弟腓力二世。父亲对女儿的婚事,当然比弟弟对姐姐的婚事更用心。现在形势改变了,理查一世决定解除与爱丽丝的婚约,娶贝莲加为妻。当时,他正在英格兰为十字军东征做准备。大军快要开拔时,他请母亲埃莉诺去纳瓦拉,向纳瓦拉国王,也就是贝莲加的父亲智者桑丘提亲。然而,他没有把实情告诉腓力二世。他和腓力二世已经结盟。他不想因这件事破坏他们的结盟，从而打乱十字军东征的准备工作。因此，在埃莉诺赴纳瓦拉代他求娶贝莲加期间，他在英格兰和诺曼底继续推进与腓力二世一起东征的准备工作，就好像与爱丽丝的婚约完好如初似的。

埃莉诺"不辱使命"。贝莲加的父亲桑丘对女儿与诺曼底公爵兼英格兰国王理查一世这对天作之合，非常满意。贝莲加也欣然同意。埃莉诺说，理查一世要率大军东征，所以不能亲自来迎娶新娘，但他会在墨西拿停留。于是，她提议护送贝莲加去墨西拿与理查一世会合。

贝莲加热情似火，气质浪漫，埃莉诺的提议正合她的意。她立刻就同意了。由埃莉诺护送女儿，智者桑丘自然乐意。就这样，两位女士与一群男爵、骑士以及侍从一起出发了。他们翻比利牛斯山，穿法国，越阿尔卑斯山，进入意大利。后来，她们走陆路沿意大利海岸南下，而理查一世当初走的是水路。最后，她们到达意大利海滨城市布林迪西。布林迪西离墨西拿不远。她们在这里停留，派人给理查一世捎话，说她们已经到了。

埃莉诺认为，贝莲加和理查一世的婚事尚未公开，如果贝莲加再往前，就不成体统了。事实上，理查一世和爱丽丝的婚约名义上是有效的。他擅改婚约之事只要让腓力二世获悉，腓力二世定会发难。

第九章 纳瓦拉公主贝莲加

埃莉诺说,她不能在意大利待了,必须尽快返回诺曼底,等理查一世大婚是不能够了。与贝莲加分别之际,她嘱咐乔安娜照顾贝莲加。乔安娜是她的女儿,所以由乔安娜照顾贝莲加再好不过了。很快,乔安娜就与贝莲加建立了深厚的感情,出则同游,入则同食,其乐融融。有这样一个年轻、漂亮、高贵的女士作伴,乔安娜真是开心极了。有这样一个善良的女士照顾,贝莲加真是欢喜极了。乔安娜久居西西里,非常了解这里的风土人情。这里对贝莲加而言就是一个崭新的世界,她见所未见,闻所未闻,就好奇地问这问那,而乔安娜就知无不言,言无不尽。

两位女士在意大利过着隐士般的生活。她们那么要好,甚至感染了当时的一位作家。他创作了一首专写她们的民谣,并把她们比作是笼中的一对鸟。写到埃莉诺时,他用古雅的英语说:

埃莉诺有负理查之托,
乔安娜王后搂着亲爱的贝莲加,
她们就像是笼中的一对白鸽。

贝莲加到达布林迪西时,春天到了。东征的舰队要起航了。虽然腓力二世对理查一世的新婚事仍然毫不知情，但理查一世知道已经瞒不下去了，和盘托出的时候到了。虽然腓力二世已经预感到有什么地方不对劲，但仍然不明就里。他起了疑心，起了警觉，生了戒备，最后他们生了嫌隙，一场危机突然爆发。

事情好像是这样的，一次，在理查一世拜访西西里国王坦克雷德时，坦克雷德给他看了一封信，信是法王腓力二世写的。在信中，腓力二世——如果信当真是腓力二世写的——努力激起坦克雷德对理查一世的敌意。根据上一章内容，我们知道当时坦克雷德和理查一世刚刚达成协议。信中说理查一世是个奸诈之人，不值得信赖，说他根本无意要遵守协议，而是在谋划侵犯坦克雷德的王权。在信的最后，腓力二世提出愿意帮助坦克雷德将理查一世赶出西西里岛。

理查一世看完信后气急败坏，就用最狠毒的语言谩骂起来。过了一会儿，他又看了看那封信。重读时，他开始认真思考信的内容。他宣布他不相信信是腓力二世写的。他认为，这封信是坦克雷德的计谋，想让他和自己的盟友腓力二世反目成仇。坦克雷德信誓旦旦地说，信就是腓力二世写的，而且信是腓力二世的一名宠臣勃艮第公爵送来的。

第九章 纳瓦拉公主贝莲加

"你可以问问勃艮第公爵。"坦克雷德说,"如果他否认,我将向他挑战,或我的一位男爵决斗。"

当时,决斗的双方应具有同等社会等级,所以,一国的君主如果和他国的贵族有争执只能派自己具有同样社会等级的贵族代表他出战决斗。然而,为了维护君主的利益,提议派人冒生命危险去作战对被派去的个人是没任何好处的。因此,这种提议给我们揭示了骑士时代令人费解的理念。

理查一世并没有去问勃艮第公爵事情的原委,而是找了一个合适的机会把这封坦克雷德给他看的信拿给腓力二世。两位国王平常见面时常常会发生争执,这次也不例外。理查一世指责腓力二世。腓力二世说信是伪造的,不但否认信是自己所写,而且认为信是理查一世写的。

"你想尽各种办法找借口和我争吵,"腓力二世说,"这是你惯用的伎俩之一。我知道你目的何在。你想找某种借口解除和我姐姐的婚约。你曾庄严地发誓一定会娶她为妻。但在这一点上,你要明白,如果你抛弃我姐姐娶了别人,只要你活着,我就是你最坚决的死敌。"

这番话激怒了理查一世。此事迅速激化为一场危机。理查一世向腓力二世申明绝不会娶他的姐姐。

理查一世说:"我父亲多年来一直把我和你姐姐爱丽丝分开是因为他自己爱爱丽丝,而她也回应了他的爱。什么都不会在我和她之间发生。现在我就向你证明我所言句句是真。"

于是,理查一世搬出了所谓的证据来证明爱丽丝和他的父亲之间存在暧昧关系。关于这些证据是否确凿,其真实性无人知晓。然而,深深刺伤了腓力二世。正如当时一位作家所说,理查一世的揭露"像一根钉子直扎腓力二世的心脏"。

过了一段时间,两位国王再次妥协、和解。于是,争端解决了。腓力二世同意不再追究理查一世悔婚,前提是理查一世要向腓力二世支付一定数目的补偿金,每年支付 2000 马克①,共支付 5 年。此外,爱丽丝童年与理查缔结婚约时,作为嫁妆送给理查一世父亲的城堡和庄园都要归还。协议达成后,理查一世可以娶任何人。

最终,双方签署了协议,并且极其庄严地发了誓。

理查一世似乎仍无意把贝莲加从她的住处接过来,因为如果这样腓力二世马上就会知道他打算娶另一个女人的计划已经到了怎样的地步。于是,他决定等腓力二世启程东征后再把与贝莲加结婚的消息公之于众。事实

---

① 当时的货币单位。——译者注

腓力二世（左）与理查一世（右）

上,腓力二世的舰队和军备不及理查一世,所以一直打算早些出征。于是,理查一世就全力协助同盟腓力二世,好让他快点儿出发,从而去迎接自己的新娘,举行婚礼了。

理查一世原本可以不必隐瞒与贝莲加结婚的打算,因为根据双方签署协议,他有选择自己的新娘的自由。然而,腓力二世如果知道了这桩婚事,未必就能欣然接受,或者对腓力二世而言,出席理查一世的婚礼也许会非常尴尬。因此,出于种种考虑,理查一世决定将婚礼推迟到腓力二世走后。

腓力二世在3月底出海远征。理查一世从自己的舰队里挑选了几艘极好的桨帆船以及几名出色的骑士和男爵送给腓力二世。腓力二世离港时,理查一世一直陪着,和他一起穿过墨西拿海峡。号角响起,旗帜飞扬。腓力二世的舰队刚一驶入大海,理查一世就乘上自己的桨帆船折返。不过,他并没有返回墨西拿,而是全速驶向意大利的一个港口,贝莲加和乔安娜就住在那儿。她们翘首以盼。理查一世接她们二人登上了早就为她们准备好的、装饰考究的桨帆船,然后带她们回了墨西拿。

这时,理查一世本可以立即举行婚礼,但适逢斋月。按照当时的宗教理念,在斋戒期间,举办诸如婚礼这样的喜事是对禁食季的亵渎。况且理查一世将出征推迟到

第九章 纳瓦拉公主贝莲加

斋月结束也不好。他确实是该出发了,因为腓力二世已经率领法军出发了。在这种情况下,理查一世决定推迟婚期,等到达下一个目的地后再举行婚礼。

贝莲加对此表示同意。理查一世安排她随远征军一起出发。按照计划,下一个目的地是罗兹岛。在罗兹岛登陆后,他们就举行婚礼。

在当时的情况下,贝莲加和理查一世同乘一艘船有点儿欠妥。于是,理查一世专门为贝莲加准备了一艘结

腓力二世登船东征

实而漂亮的船。乔安娜陪贝莲加同乘一艘船。该船由勇敢而信仰坚定的骑士特汉姆·斯蒂芬负责，而两位公主也由他照料。

理查一世虽然没有举行婚礼，但在出征前办了一场盛大的仪式来庆祝他和贝莲加订婚。仪式进行过程中，一支由24名骑士组成的编队庄严地宣誓——抵达圣地时会爬上阿克的城墙。阿克是敌人最重要、防守最严密的要塞，也是他们进攻的首要目标。

离开墨西拿前，理查一世将一把古剑送给了坦克雷德作为告别的礼物。他说，剑是他父亲在一座几百年前的古墓中发现的，古墓里埋葬着英格兰一位著名的骑士。

第十章

攻占塞浦路斯

精彩看点

理查一世离开墨西拿——乔安娜与贝莲加成为塞浦路斯统治者艾萨克·科穆宁的俘虏——理查一世对艾萨克·科穆宁的要求——艾萨克·科穆宁拒绝——理查一世率军占领利马索尔港——来自巴基斯坦的诸侯们——鲁西格南的盖伊——战火再次燃起——艾萨克·科穆宁战败投降——理查一世如何处置塞浦路斯岛——理查一世大婚——婚姻的结局

1191年4月，理查一世终于指挥舰队离开了墨西拿。不幸的是，一场风暴袭来，吹散了他的舰队。他和自己的姐姐乔安娜及心爱的女人贝莲加失散了。经过一段时间的搜寻，他才得知乔安娜与贝莲加乘坐的船在塞浦路斯岛南岸登陆，而她们很快就成了俘虏。还有几艘船，特别是一艘载有珍宝的船，在附近沉没了。按照规矩，这些船的残留物品应归塞浦路斯岛的统治者艾萨克·科穆宁所有。

1191年5月1日，理查一世的舰队抵达塞浦路斯岛的利马索尔港。理查一世勒令艾萨克·科穆宁释放姐姐乔安娜与贝莲加，归还珍宝。艾萨克·科穆宁拒绝了。在这种情况下，理查一世率军登陆，并占领了利马索尔港。与此同时，巴勒斯坦的不少诸侯也到了这里，其中最值得一提的是鲁西格南的盖伊。鲁西格南的盖伊公开表示支持理查一世，反对艾萨克·科穆宁，而理查一世向鲁西格南的盖伊承诺，帮助他反对其仇敌蒙特弗尔拉的康拉德。

塞浦路斯的贵族们见形势不妙，就起了反意。艾萨克·科穆宁非常害怕，就打算与理查一世和解，将自己的女儿许配给他，并决定参加十字军东征。然而，没过多久，艾萨克·科穆宁就变卦了。于是，战火重新燃起。

鲁西格南的盖伊与萨拉丁

鲁西格南的盖伊指挥理查一世的军队所向披靡，到1191年6月1日占领了整个塞浦路斯岛。艾萨克·科穆宁战败投降。

对待俘虏，理查一世向来是用铁链捆绑的，但这次破了例，用银链捆绑艾萨克·科穆宁。接着，理查一世先是任命理查德·德·科维利与索海姆的罗伯特作为总督统治塞浦路斯，然后又将塞浦路斯卖给了罗伯特·德·萨博。

对理查一世而言，迅速占领塞浦路斯岛是非常重要的。塞浦路斯岛靠近巴勒斯坦，其战略位置非常突出。基督教徒只要占领着塞浦路斯岛，那么发动收复圣地的战争就容易多了。这时，理查一世通过塞浦路斯岛获得了大量粮草等补给。1191年6月5日，理查一世及其盟友离开了塞浦路斯，向阿克挺进了。

在塞浦路斯期间，理查一世与贝莲加大婚了。1191年5月12日，在姐姐乔安娜的见证下，婚礼在利马索尔的圣乔治礼拜堂举行。婚礼既盛大又光彩夺目，宴席一排接一排，活动一场接一场，游行不断，庆典连连。理查一世娶纳瓦拉王国公主贝莲加为妻，不光抱得美人归，还使纳瓦拉王国成了自己的采邑。

很快，理查一世就带着自己的新婚妻子继续东征了。

不过，他们还是分开了。直到理查一世驾崩，贝莲加也没有到过英格兰。后来，理查一世进了神圣罗马帝国的监狱。获释后，他与贝莲加没有团聚，贝莲加也没有产下一子半女。

第十一章

理查一世率领十字军转战圣地

精彩看点

理查一世率大军在阿克登陆——鲁西格南的盖伊与蒙特弗尔拉的康拉德之间的仇恨——伊莎贝拉的第一任丈夫托龙的汉弗莱四世——理查一世指挥大军围攻阿克——奥地利大公利奥波德五世——理查一世处决战俘——阿尔苏夫战役——进攻耶路撒冷失败——蒙特弗尔拉的康拉德之死——再攻耶路撒冷失败——约翰与法王腓力二世的阴谋——理查一世与阿拉伯人议和——理查一世率军归国

1191年6月8日,理查一世的大军在阿拉伯人重兵守卫的阿克登陆了。在塞浦路斯岛时,鲁西格南的盖伊帮助了他,现在他要回报鲁西格南的盖伊了,那就是支持鲁西格南的盖伊对付蒙特弗尔拉的康拉德。鲁西格南的盖伊与蒙特弗尔拉的康拉德是怎么结的仇呢?

鲁西格南的盖伊的妻子是耶路撒冷王国女王西巴拉。1190年阿克之围期间,西巴拉死于瘟疫。鲁西格南的盖伊想要继承耶路撒冷王位,但遭到蒙特弗尔拉的康拉德阻挠,最终以失败告终。蒙特弗尔拉的康拉德的妻子是西巴拉同父异母的妹妹伊莎贝拉。蒙特弗尔拉的康拉德是伊莎贝拉的第一任丈夫。当鲁西格南的盖伊与理查一世气势汹汹地到来时,蒙特弗尔拉的康拉德也获得了不少人的支持,其中包括法王腓力二世与奥地利大公利奥波德五世。理查一世与伊莎贝拉的第一任丈夫托龙的汉弗莱四世结盟。托龙的汉弗莱四世对鲁西格南的盖伊忠心耿耿,还能说一口流利的阿拉伯语。于是,理查一世命托龙的汉弗莱四世当翻译,负责交涉事宜。

理查一世指挥大军围攻阿克。其间,他得了重病,但仍然骁勇。一次,他躺在担架上,用弓射杀了城墙上的阿拉伯士兵。最后,守卫阿克城的阿拉伯军队向十字军投降。没过多久,在如何处置伊萨克·科穆宁这个问题上,理查一世与奥地利大公利奥波德五世吵了起来。同时,为了争取自己在十字军中地位,奥地利大公利奥

围攻阿克

第十一章 理查一世率领十字军转战圣地

波德五世与理查一世也争得面红耳赤。奥地利大公利奥波德五世使自己的战旗与英军、法军的战旗并列，这就意味着他与英王、法王平起平坐。理查一世大怒，命人将奥地利大公利奥波德五世的战旗拔下来扔进了护城河里。奥地利大公利奥波德五世气愤不已，立即离开了十字军。随后，法王腓力二世也走了，一方面是因为健康每况日下，另一方面是因为在塞浦路斯岛、耶路撒冷王位继承权归属等问题上他与理查一世矛盾重重、无法调和。理查一世突然发现自己没了盟友，成了"孤家寡人"。

理查一世与腓力二世都有不少穆斯林战俘。腓力二世临走前，打算将这些战俘移交给蒙特弗尔拉的康拉德。然而，在理查一世的威逼下，腓力二世被迫将战俘移交给了他。当准备发动新的战役时，理查一世发现，战俘一旦哗变，后果不堪设想。于是，他下令处决了全部战俘。之后他率军南下。1191年9月7日，在阿尔苏夫战役中，阿拉伯军队不断袭扰理查一世的军队。不过，理查一世指挥有方，英军从容不迫，防御严密。最后，英军抓住战机，猛攻阿拉伯军队的右翼，大破阿拉伯军。

阿拉伯军队虽然元气大伤，但没有被歼灭。面对失败，阿拉伯将士深以为耻，而十字军的士气非常高涨。1191年11月，理查一世率领十字军攻占了雅法。之后，

阿克守军向理查一世投降

理查一世下令处决全部战俘

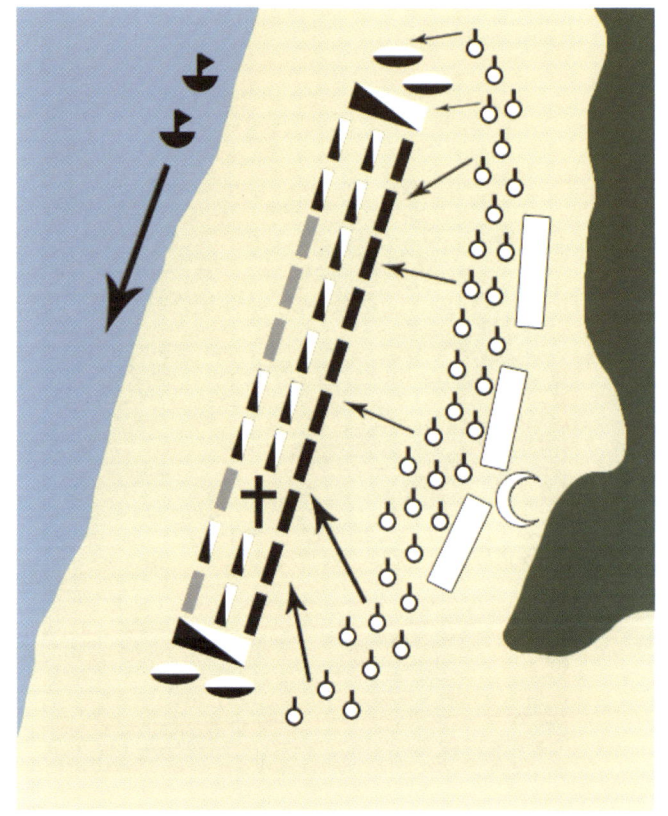

阿尔苏夫战役示意图

阿尔苏夫战役

理查一世

雅法之战

十字军向内陆挺进,直逼耶路撒冷。很快,十字军就到达离耶路撒冷只有 12 英里的贝特努巴。耶路撒冷的阿拉伯军队士气极其低落。随着十字军的到来,耶路撒冷可能会很快陷落。然而,恶劣的天气使阿拉伯军队逃过一劫。气温降得很低,大雨下个不停。理查一世担心敌人的援军会趁机来袭。最终,他决定率军向沿海地带退却。他试着与阿拉伯人议和,但没有成功。1192 年上半年,理查一世率领十字军一直驻守阿克隆。

第十一章 理查一世率领十字军转战圣地

这时,耶路撒冷王国起了风波。蒙特弗尔拉的康拉德得到贵族们的拥护,成了耶路撒冷国王。这直接侵害了理查一世的政治利益。理查一世将塞浦路斯岛卖给了自己的盟友鲁西格南的盖伊。1192年4月28日,蒙特弗尔拉的康拉德遇刺身亡。当时这是一桩疑案,但人们普遍怀疑理查一世是"幕后黑手"。八天后,理查一世的外甥香槟的亨利二世娶了蒙特弗尔拉的康拉德的未亡人伊莎贝拉。

理查一世改变了战术,指挥十字军再攻耶路撒冷。然而,这次还是失败了,原因是内部不和。理查一世一派希望转攻埃及——阿拉伯人粮草的来源地,而以勃艮第公爵休三世为代表的另一派坚持直取耶路撒冷。因为意见不统一,所以十字军的力量分散了。理查一世很清楚,他这一派转攻埃及无法取得成功,勃艮第公爵休三世那一派直取耶路撒冷也不会成功。最后,他说,无论谁去进攻耶路撒冷,自己都愿意作为一名士兵冲锋陷阵,但拒绝领导军队。就这样,十字军群龙无首,不得不向沿海地带撤退。

就在这时,有消息——理查一世的弟弟约翰与法王腓力二世密谋废黜他——传来。理查一世慌了。虽然他想回国,但前线的战事吃紧。阿拉伯军队屡战屡败,但非常顽强。理查一世决定偷袭埃及，切断阿拉伯军队的粮道，但没有成功。这时，理查一世意识到，如果再不回国，政变就会发生。1192年9月2日，他与阿拉伯人议和成功。条款如下：十字军摧毁阿斯卡隆的防御工事、阿拉伯人允许基督教朝圣者和商人进入耶路撒冷及双方休战三年。1192年10月9日，理查一世率军归国。

第十二章

理查一世的最后岁月

精彩看点

科孚岛——艾萨克二世安耶洛斯——梅纳德——充满危险的旅途——理查一世被俘——奥地利大公利奥波德五世将理查一世"卖给"神圣罗马帝国皇帝亨利六世——理查一世音讯全无——布隆德尔·德·内勒——亨利六世写给腓力二世的信——营救理查一世——赎金与理查一世获释——宽恕约翰——与腓力二世的战争——理查一世之死

途中，天气突变。理查一世的舰队被暴风吹到了科孚岛。科孚岛的主人是拜占庭帝国皇帝艾萨克二世安耶洛斯。艾萨克二世安耶洛斯坚决反对理查一世吞并原属于拜占庭帝国的塞浦路斯。理查一世心里很清楚，如果艾萨克二世安耶洛斯知道自己来到科孚岛，一定会派兵阻挠。于是，理查一世经过伪装，在几个侍从的陪同下，神不知鬼不觉地绕过了科孚岛。没想到到了阿奎莱亚，他乘坐的战舰就毁于暴风雨中。理查一世上岸后，发现自己除了冒险穿过中欧外，没有回英格兰的路了。这时，理查一世意识到一个难题，那就是他的伪装不管用了。他伪装成朝圣者，虽然穿着朝圣者的长衣，像模像样的，但花钱如流水，哪里像苦行的朝圣者！为了解决这个难题，他不得不对外宣称自己是徒步朝圣的富商，而不是身无分文的穷人。即使这样，理查一世心如明镜似的，危险还是存在的。但无奈之下,他和随从只得继续前进。他们跋山涉水,迤逦前行。就这样走了几天后,他们到了一座大城。城主叫梅纳德。梅纳德是蒙特弗尔拉的康拉德的亲戚。他已经探听到理查一世即将经过自己辖区的消息。

站在城门前,理查一世忐忑不安。他没有通关文牒,如果贸然进城,吉凶莫测。最后,他想到了一个办法。他托人带着重礼去见梅纳德。来人对梅纳德说,有个富商想过城,但没有通关文牒,只要放行,愿意将这份重礼奉上。梅纳德看了看重礼,说:"这不是什么富商的重礼。我知道这份重礼的主人是谁,是英王理查一世。"

理查一世知道自己暴露了,大吃一惊。为了脱身,他想了一个办法。他让大部分随从留下,这样一来,就不会引起别人的怀疑。接着,他和另外一名随从买了马,连夜过城。第二天,留下的那些随从都成了俘虏。没有经过严刑拷问,这些随从就将理查一世正经过神圣罗马帝国的消息和盘托出了。梅纳德意识到自己的判断是正确的,就立即发兵追捕理查一世。

理查一世和随从马不停蹄,飞驰而去。最后,他们来到一座小城。刚一进城,理查一世就被诺曼底的一名骑士认了出来。不过,骑士非但没有举报他,反倒把他

第十二章 理查一世的最后岁月

藏了起来。第二天,骑士送给理查一匹新马。这匹新马异常神骏,跑得飞快。就这样,理查一世与随从甩掉了追兵。

理查一世和随从避开大路,专挑小路,遇见人家也不进门。如果困了,他们就在野地里、森林里或山谷里将就一宿。如果饿了,理查一世就派随从去找粮食。然而,他们所经之地实在偏僻,人烟稀少。因此,能否买到粮食全靠运气。大部分情况下,他们都忍饥挨饿。很快,更不幸的事情发生了,他们迷路了。不知不觉,他们竟然向维也纳走去。对他们而言,维也纳是世界上最危险的地方。

到了维也纳附近的一个小村庄,理查一世和随从饥渴难耐,走不动了。于是,理查一世就派随从去村里买食物。村里的人看到随从充满异国风情的服装非常好奇。随从出手阔绰,这令他们很讶异。接着,他们就纷纷打听他的身份。随从说自己是一个外国富商的仆人,他们正在这个国家旅行,现在主人因旅途劳顿生病了。村里的人们对这个解释很满意,就让他走了。

理查一世的病情加重了。这样一来,他不得不停下休息。为了获得食物,他只能让随从去村里。随从去得越频繁,村里的人越怀疑。后来,村里有个人将这种情况报告给了官府。很快，官府就派兵抓住了这个侍从。一开始，这个侍从一言不发。当衙役威胁割掉他的舌头时，他害怕了，精神崩溃了，最后不仅说出了自己的真实身份，而且说出了主人理查一世的藏身之地。

一队士兵立刻奉命前去捉拿理查一世。当士兵们到达理查一世的藏身之地时，理查一世正在转动烤肉叉子，烤肉是他的晚餐。士兵们包围了房子，堵住了门口，这样一来，里面的人就无路可逃了。这时，有个士兵说："里面烤肉的人难道就是国王吗？"接着，士兵们就进房子去看。指挥官说："没错，是他，把他带走！"

理查一世拔出剑，迅速移动到一个便于自卫的地方，然后向士兵们宣布，除了这片土地的最高统治者，他不会向任何人投降。直到此刻，理查一世还不知道自己是在死敌奥地利大公利奥波德五世的土地上。士兵们打算活捉他，所以围而不攻。很快，指挥官就命人向奥地利大公利奥波德五世报告去了。

没过多久，奥地利大公利奥波德五世就来了。理查一世见状，知道继续抵抗徒劳无益，于是放下剑投降了。就这样，理查一世成了奥地利大公利奥波德五世的俘虏。

奥地利大公利奥波德五世对理查一世说："成为我的俘虏，你应该觉得幸运。设想一下，你如果现在是蒙

第十二章 理查一世的最后岁月

特弗尔拉的康拉德的朋友的俘虏,一定会被撕成碎片的。别忘记你当初对蒙特弗尔拉的康拉德做的一切,他的朋友无时无刻不在找你。"

奥地利大公利奥波德五世先将理查一世送到了一位男爵的城堡里,要求男爵确保理查一世的安全。接着,他将发生的事情告诉了神圣罗马帝国皇帝亨利六世。囚禁理查一世城堡的名字是蒂伦斯廷。

神圣罗马帝国皇帝亨利六世一听到理查一世被俘的消息,就大喜过望。亨利六世说:"一位大公没有资格囚禁一位国王。地位应该对等,囚禁一位国王的人应该是皇帝。"说完,他立刻派人去见奥地利大公利奥波德五世,要求奥地利大公利奥波德五世将理查一世送过来。

奥地利大公利奥波德五世不愿意交出理查一世。于是,他和亨利六世的谈判开始了。最后,他们妥协了。在亨利六世支付给他一大笔钱后,他"卖出"了理查一世。就这样,理查一世又成了神圣罗马帝国皇帝亨利六世的俘虏。接下来很长一段时间,亨利六世是如何对待理查一世的呢?无人知晓!

这时,冬天过去了,1193年的春天来临了。

其间,英格兰臣民们翘首以盼,等待着国王理查一世回国。然而,这么长时间过去了,理查一世踪迹全无。

国王出什么事情了吗?是回国途中遭遇了海难还是被摩尔人俘虏了呢?如果不是遭遇了不测,他从1192年10月巴勒斯坦起航到现在怎么可能音信全无?

神圣罗马帝国皇帝亨利六世下令对外封锁理查一世的消息。他将理查一世转囚到杜伦斯坦城堡。杜伦斯坦城堡位于多瑙河畔。在杜伦斯坦城堡,理查一世被秘密关押。虽然命途多舛,但理查一世没有自暴自弃。他找到了属于自己的乐趣:作曲、唱歌、与城堡的人们喝酒……1193年春夏两季,理查一世一直被囚禁在这里。

没有不透风的墙,理查一世被神圣罗马帝国皇帝亨利六世囚禁的消息最后还是传出去了。那么英格兰人是

杜伦斯坦城堡遗址

第十二章 理查一世的最后岁月

如何获知的呢?有个故事是这样说的。有个叫布隆德尔·德·内勒的行吟诗人。当初在巴勒斯坦,他就认识理查一世。这时,他正在神圣罗马帝国旅行。一天,他从杜伦斯坦城堡下走过。他一边走,一边唱着歌。理查一世听过这首歌,心生好奇。当布隆德尔·德·内勒唱完这首歌的一个小节再唱下一个小节时,理查一世打开了窗户,向外望去。布隆德尔·德·内勒看见并认出了理查一世。他什么也没说,悄悄地走了,接着想办法将理查一世被囚禁的消息告诉了英格兰人。还有一个故事是这样说的。神圣罗马帝国皇帝亨利六世给写了一封信,信的内容与理查一世被囚有关。后来,送信人将信的副本卖给了英格兰人。

布隆德尔·德·内勒在理查一世被囚禁的城堡外面弹奏

理查一世被囚神圣罗马帝国的消息一传到英格兰，就掀起了轩然大波。理查一世的弟弟约翰一直想篡位，所以现在他真的高兴极了，打心眼里盼着理查一世被囚禁一辈子。为了确保自己继承英格兰王位，他积极采取措施，并且与法王腓力二世眉来眼去，希望获得腓力二世的支持。而英格兰臣民们恰恰相反，他们非常担心自己的君主理查一世。很快，英格兰的重臣、主教就来到了牛津。他们召开会议，宣誓继续效忠理查一世。最后，由两名修道院长带头的营救使团组织起来了。该使团决定去神圣罗马帝国看望并营救理查一世。与会人员一致认为，与骑士和军人相比，修道院长可以更方便地进出神圣罗马帝国。

修道院长们进入神圣罗马帝国，要求探望理查一世。神圣罗马帝国皇帝亨利六世将理查一世带到了维也纳。在维也纳，理查一世见到了两位修道院长。他们向理查一世禀报了约翰在法王腓力二世支持下意欲篡位的阴谋。听罢，理查一世虽然很烦恼，但对约翰和腓力二世的所作所为丝毫不恐惧。

理查一世说："我的弟弟约翰是个胆小鬼。凭他那点儿勇气篡位是不可能的。"

理查一世被囚期间，曾与神圣罗马帝国皇帝亨利六世见过面。在神圣罗马帝国皇帝亨利六世看来，理查一世要想获释，必须答应他两个条件，一个是放弃支持西西里国王坦克雷德，一个是交纳一大笔赎金。当神圣罗马帝国皇帝亨利六世将赎金的数额告诉理查一世时，理查一世当即拒绝了。他认为，这么庞大的赎金既是对他这位国王的羞辱，也会让自己的国家变得贫穷，所以宁肯高傲地死去，也不屈辱地苟活。

为了达到目的，神圣罗马帝国皇帝亨利六世将理查一世定为罪犯，然后将他带到帝国议会诘问。在帝国议会，神圣罗马帝国皇帝对理查一世的指控如下：

一、坦克雷德篡夺了西西里王国的王位，这获得了理查一世的支持，因此篡位者犯下的罪理查一世也有份。

二、理查一世入侵塞浦路斯王国，纵兵抢掠塞浦路斯王国，虐待塞浦路斯国王艾萨克·科穆宁。

三、在圣地，理查一世不仅羞辱了奥地利大公利奥波德五世，而且侮辱了整个德意志民族。

四、理查一世霸道的性格导致与法王腓力二世及其他十字军将领的矛盾，进而导致十字军大败而归。

五、理查一世雇凶杀害了蒙特弗尔拉的康拉德。

六、理查一世擅自与阿拉伯人议和，背叛了基督教的神圣事业。

神圣罗马帝国皇帝亨利六世指控理查一世的动机当然不是治他的罪，而是向他施压，从而迫使他交巨额赎金。无论如何，这次指控促使赎金数额的谈判开始了。

最后，在赎金数额方面，一致意见达成了。理查一世继续被关押，英格兰的两位修道院长回国去筹集赎金。

英格兰臣民愿意交纳赎金，赎回自己的君主理查一世。这笔金额相当于现在的一百万美元，对于当时的英格兰王国，真是一笔巨款。赎金将以白银支付，三分之二的赎金将进入神圣罗马帝国皇帝亨利六世的腰包，三分之一的赎金将进入奥地利大公利奥波德五世的腰包。原来，当初"卖出"理查一世时，奥地利大公利奥波德五世保留了英格兰赎金的部分声索权。最后，神圣罗马帝国方面同意，只要英格兰方面交纳三分之二的赎金，并且向神圣罗马帝国提供人质，就释放理查一世。

赎金数额巨大，所以筹集赎金花费了两年多的时间。随着赎金送达神圣罗马帝国，1194年2月理查一世获释

第十二章 理查一世的最后岁月

了。1194年3月,理查一世回到了英格兰。

听到理查一世回国的消息,英格兰人兴奋不已,举办了隆重的宴会,为理查一世接风洗尘。护送理查一世回国的一名神圣罗马帝国的男爵说,亨利六世如果看到此景,就会觉得当初索取的赎金并不多。

理查一世回国了,约翰害怕极了。他放弃了英格兰的荣华富贵,逃到了诺曼底。理查一世颁布法令,要求约翰四十天内回到英格兰,否则就罚没他的财产。收到消息后,约翰惶惶不可终日,但又不知如何是好。

巩固了统治后,理查一世决定重新加冕。原来,他认为自己被囚神圣罗马帝国好几年,好比被废黜一样。因此,重新加冕有利于巩固自己正统君主的地位。加冕仪式非常隆重,盛大的庆祝活动持续了好些日子。

接着,理查一世率军在诺曼底登陆。约翰卑微而顺从地跪倒在理查一世的面前,请求理查一世宽恕。母亲埃莉诺也替约翰求情。最终,理查一世原谅了约翰。但他有些伤感地说:"我会忘记他对我的伤害,就像他会忘记我对他的宽恕一样。"

1195年的一天,理查一世在诺曼底狩猎时,遇到了一位隐士。隐士大胆地劝告理查一世,在建立战功的过程中,他已经冒犯了上帝,如果还不停止脚步,跪地忏悔,那么他的结局将是凄惨的。

理查一世不以为然。然而，没过多久，他染上了恶疾，不禁惊慌失措。他召集了许多牧师，然后开始忏悔。他请求牧师们向上帝祈祷，从而使自己获得上帝的宽恕。祷告之后，理查一世果然很快就痊愈了。

在接下来的三年时间里，理查一世与腓力二世在诺曼底与法兰西边界附近激战。一天，理查一世治下的一个叫维德玛男爵领地上一个农民在耕地时发现了一个宝藏。维德玛将宝藏运回了自己的城堡。那时，理查一世最缺的就是钱，于是就向维德玛索要这个宝藏。维德玛说，所谓的宝藏是谣言，他运回的是一罐古罗马钱币。如果理查一世想要，他就献上。理查一世非但不信，反倒威胁道，如果维德玛不交出宝藏，就踏平他的城堡。

维德玛没有交出宝藏，理查一世率军包围了城堡。守城堡的一个叫波特兰·德·戈登的卫士用箭射中了理查一世。理查一世被带回军帐后，侍从们发现箭头留在了肉里。御医切开了肉，取出了箭头，但理查一世的伤口变大了，接着发炎了。很快，理查一世伤重不治，溘然长逝。弥留之际，他被悔恨吞噬了，既痛苦又绝望。

附录
专有名词汉英对照

阿基坦	Aquitaine
埃莉诺	Eleanora
耶路撒冷	Jerusalem
杰弗里	Geoffrey
卢瓦尔河	River Loire
雷蒙德	Raymond
亨利	Henry
波尔多	Bordeaux
巴勒斯坦	Palestine
耶稣	Christ
小亚细亚	Asia Minor
安茹王朝	Plantagenet
图尔斯	Tours
威斯敏斯特	Westminster
伯蒙德西	Bermondse
牛津	Oxford
温斯特彻	Winchester
约翰	John
罗莎蒙德	Rosamond
君士坦丁堡	Constantinople
爱丽丝	Alice
瓦伊河	Wye

理查一世

伍德斯托克	Woodstock
戈德斯托	Godestow
威尔士	Wales
威廉	William
希农	Chinon
风弗洛修道院	Abbey Fontevraud
圣城	Holy Land
撒拉逊人	Saracens
鲁昂	Rouen
艾萨克·科穆宁	Isaac Komneno
利马索尔港	Lemesos
鲁西格南的盖伊	Guy of Lusignan
蒙特弗尔拉的康拉德	Conrad of Montferrat
理查德·德·科维利	Richard de Camville
索海姆的罗伯特	Robert of Thornham
罗伯特·德·萨博	Robert de Sablé
阿克	Acre
圣乔治礼拜堂	Chapel of St George
耶路撒冷王国女王西巴拉	Sibylla of Jerusalem
阿克之围	Siege of Acre
伊莎贝拉	Isabella I
奥地利大公	Duke of Austria
利奥波德五世	Leopold V
阿尔苏夫战役	Battle of Arsuf
阿克隆	Ascalon
亨利二世	Henry II
休三世	Hugh III
艾萨克二世安耶洛斯	Isaac II Angelos
梅纳德	Maynard
亨利六世	Henry VI
蒂伦斯廷	Tiernsteign
摩尔人	Moors
杜伦斯坦城堡	Durenstein
多瑙河	Danube

布隆德尔·德·内勒	Blondel de Nesle
坦克雷德	Tancred
波特兰·德·戈登	Bertrand de Gordon